심리학의 위안

마음을 어루만지는 일상의 심리 이야기
심리학의 위안

김경미 지음

교양인
GYOYANGIN

차 례

머리말 · 9

 1장 소심하고 수줍은 내가 좋아

매력을 키우려면 걱정을 덜어라 · 15 | 소심하고 수줍은 내가 좋아 · 18
"너 참 장해!" 한마디의 위안 · 21 | 나답게 살려면 · 24
내 안에 있는 세 명의 자아 · 27 | '고뇌'는 우리를 성숙시킨다 · 30
화가 나면 목소리를 낮춰라 · 33 | '의심병'을 고치려면 · 36
마음도 가끔은 흐림 · 39 | 지루함도 습관이다 · 43
스트레스는 정신을 깨운다 · 46 | 긴장을 풀려면 마음을 낮춰라 · 49
집착이 무기력증을 부른다 · 53 | 조급함은 약자의 표지 · 56
부끄러움의 장점 · 59 | 팬과 스토커의 차이 · 62
왜 화가 나면 쇼핑을 할까? · 65 | 하고 싶지 않은 일부터 먼저 하라 · 68
사소한 성취를 소중히 하라 · 71 | 그러나 사소한 것에 집착하지 말라 · 75
좋든 나쁘든 기분은 나의 것 · 78 | 몽테뉴와 파스칼의 신념 · 82
미인은 더 행복한가? · 85 | 천 원의 소중함 · 89

눈물은 참지 않아도 돼

'옛 연인'을 왜 못 잊는가 · 95 | 나를 조종하는 사람에게서 벗어나는 법 · 100
사진으로 읽는 사랑과 이별의 심리 · 103 | 사랑의 수렁에 빠지지 않으려면 · 106
똑똑한 사람이 사랑에 어리석은 이유 · 110
〈섹스 앤 더 시티〉의 네 가지 성격 유형 · 114 | 우정, 부부 싸움의 진정제 · 118
눈물은 참지 않아도 돼 · 122 | 동양인의 심리, 서양인의 심리 · 127
말실수에도 규칙이 있다 · 130 | 이름의 심리학 · 135
사랑하면 언어 습관도 닮는다 · 139 | 통하려면 솔직하게 말하라 · 142
표정만으로는 마음을 알 수 없다 · 145 | 차를 살 때 무채색을 고르는 이유 · 148
맛있는 심리학, 배고픈 심리학 · 152 | '심리적 구두쇠'가 되지 않으려면 · 155
악역에도 성숙함이 필요하다 · 158 | 옷차림은 마음을 바꾼다 · 162
성격 차이를 인정하는 법 · 165 | 자기 과시와 자아 도취 사이 · 169
이기심의 뒷면에 이타심이 있다 · 173 | 목숨을 위협하는 존댓말 · 176
"넌 주워 온 아이야"의 진실 · 179

3장 멋진 불행도 있다

왜 오래된 기억이 더 생생할까 · 185 | 내 안의 청춘은 70에도 자란다 · 188
원하는 것을 얻으면 행복해질까? · 192 | 피부 자아 · 196
멋진 불행도 있다 · 199 | 지혜로워지려면 실천하라 · 204
기억은 선택이다 · 208 | 삼십대, 삶의 갈림길 · 211
내 인생의 최고 시절은 언제? · 214 | 분노를 가라앉히려면 청소를 하라 · 218
지키지 못할 결심도 하는 게 낫다 · 221 | 일이 풀리지 않을 때는 비틀어보라 · 226
직관도 훈련의 산물이다 · 228 | 기대를 낮추면 실망도 줄어든다 · 231
용서하기 가장 어려운 대상은? · 234 | 상사가 없는 월요일 · 238
자기 모니터링 능력을 키우려면 · 242 | 거짓말할 때 얼굴을 만지는 이유 · 246
몸으로 익힌 것이 더 강력하다 · 250 | 삶은 우리가 집중한 대상들의 합이다 · 253
페르미의 역설 · 255 | 대충 하는 선택이 더 경제적이다 · 259
내 안에 무한한 감동의 바다가 있다 · 262

에필로그 내 안의 두려움과 만나기 · 265

| 머리말 |

지난해 여름 이 책의 원고를 완전히 끝낼 생각으로 3개월간 서울의 아름다운 한 창작촌의 집필실에 들어갔습니다. 하지만 결과적으로 원고 가필은 하나도 못 하고 다른 것만 몇 가지 얻어서 나왔습니다. 좁은 주차장에서 차를 뺄 때마다 다섯 번쯤 돌아보거나 멈춰 서던 것이 두 번으로 줄었고, 마당에 핀 특이한 꽃들 덕분에 새로운 꽃 이름 두세 가지를 더 알게 됐고, 화장은 물론 세수도 안 한 얼굴로 방문 밖을 나서기도 하는 자연스러움 같은 것만 얻고 나온 겁니다. 생각해보면 그런 진전도 실은 심리에 관련된 글들을 만지작거린 덕분이었을 겁니다.

2년 전 《행복한 심리학》을 펴낸 후 사이버대학에서 '일상생활의 심리학'이라는 이름으로 교양과정 강의를 맡아 하게 됐습니다. 20대에서 70대에 이르는 학생들이 300~400명씩 수강 신청을 하더니 올해는 그 숫자가 500명을 훌쩍 넘어섰습니다. 심리학의 인기를 실감치 않을 수 없습니다.

그렇다고 해도 심리학자도 아닌 사람이 책을 내고 강의를 하는 게 민망하기도 합니다. 하지만 2년 정도 라디오 방송 프로그램의 심리학 코너를 맡아 매일 원고지 6, 7장 분량의 원고를 쓰면서 나름대로 전문가 못지않게 공부를 했다는 점, 또 제가 오랜 세월 몸담아온 문학이야말로 인간 심리에 가장 예민한 분야라는 점으로 그 민망함이 조금이나마 상쇄되었으면 합니다. 그와 더불어 방송 원고 작성에 참고할 기초 자료를 택할 때 당장 손쉽게 활용할 수 있는 가볍고 얕은 처세서류의 책들 대신 깊이 있는 전문 심리학 서적들을 택하려고 애썼고, 따라서 일반 독자로서는 읽기 힘든 전문 서적의 어렵지만 좋은 내용들을 이해하기 쉽게 많이 소개할 수 있었으리라는 점은 자신합니다.

심리적으로 '무조건 긍정적인 마음'이나 '행복과 용서 같은 좋은 감정들'을 추구하거나 강조하는 것은 당연히 중요한 일입니다. 하지만 우울과 고통과 상처도 그에 못지않게 위대하며, 불행은 인간을 성숙시키고, 용서도 정말 하기 힘들 때는 안 하는 게 좋습니다. 왕따가 점점 심각해지는 것은 청소년들에게 고독의 가치를 제대로 가르쳐주지 않은 탓도 큽니다.

  북유럽에서 제일 견디기 힘든 때는 밤이 되어도 어두워지지 않는 백야의 시기라고 합니다. 찬란한 햇빛만이 인간 심리를 치유하거나 발전시켜주는 건 아닙니다. 어둡고 나쁜 감정, 부정적인 심리라고 부르는 것들이야말로 잘만 극복하면 오히려 인간의 복잡한 심리 문제를 푸는 좋은 해답이 될 수도 있습니다. 따라서 이번 책에서는 '나쁜 감정들의 강점과 위안'을 주로 다뤘습니다. 이런 점이 '인간'을 큰 틀에서 이해하는 데 조금이나마 도움이 된다면 더는 바랄 게 없습니다. 책의 바탕이 된 방송 코너를 만들었던 이동우 피디와 귀한 추천사를 주신 김정운 교수님께 진심으로 감사드립니다.

소심하고 수줍은
내가 좋아

매력을 키우려면 걱정을 덜어라

영문학자인 존 캐리(John Carey)가 엮은 《지식의 원전》에 따르면, '걱정(worry)'이라는 영어 단어는 사냥개가 사냥감을 잡아서 죽이는 모습을 묘사한 고대 독일어 'wurgjan'에서 유래했습니다. 그래서 처음 옥스퍼드 영어사전에 올랐던 'worry'의 뜻은 "탐욕스럽게 삼키다. 게걸스럽게 먹다. 사냥개가 사냥감을 잡을 때 물거나 흔들어서 죽인다. 잔인하게 괴롭히거나 비난하다."였다고 합니다. 주로 다른 존재에게 가하는 가학적인 행위를 뜻하는 단어였던 겁니다. 그러던 '걱정'의 화살이 자기 자신에게 돌려져 지금 같은 막연한 자기 불안이나 염려라는 뜻이 된 것은 19세기 무렵이었다고 합니다. 시대가 변하면서 사람들이 더 자학적이 된 걸까요?

심리학 이론 중에 가젤과 치타가 등장하는 유명한 걱정 이론이 있습니다. 영양류의 일종인 가젤은 이름에 '뷰티풀(beautiful)', '그레이스(grace)'의 의미가 담긴 아름답고 우아한 동물입니다. 치타는 이름에 '얼룩덜룩한 몸'이란 의미가 담긴 날쌘 맹수입니다. 요즘 야구 선수들을 보면 햇빛의 눈부심을 막기 위해서 눈 밑에 검은 칠을 할 때가 많은데, 바로 치타의 눈 밑 검은 선에서 아이디어를 얻은 것이라고 합니다. 그렇게 나면서부터 눈부심 방지 도구까지 갖춘 맹수 치타와 양처럼 순한 가젤이 들판에서 마주쳤을 때 죽기살기로 더 맹렬히 뛰어야 하는 쪽은 당연히 가젤입니다. 그 순간이 치타에게는 한 끼 먹이를 위한 것이지만, 가젤에게는 생사가 걸린 순간이기 때문입니다. 심리학에서는 이런 관계를 '생명과 만찬의 원칙'이라고 부릅니다. 한쪽에겐 목숨이 걸린 일이 다른 쪽에겐 맛있는 저녁거리 정도의 문제가 되는 상황을 가리키는 비유입니다.

《행복의 심리학》을 쓴 영국의 성격심리학자 대니얼 네틀(Daniel Nettle)은 이 원칙을 걱정에도 적용합니다. 같은 걱정거리나 근심에도 어떤 사람은 목숨이 걸린 듯 반응하고 어떤 사람은 그저 식사 한 끼 거르는 정도로 반응합니다. 그런데 사실 "현대를 살아가는 우리를 두렵고, 수치스럽고, 슬프게 만드는 걱정거리들은 그렇게 위협적인 건 아닐뿐더러, 너무 긴 걱정이나 큰 공포며 근심이 오히려 사람을 보다 적대적이고 피해망상적이며 심지어 덜 매력적이고, 무엇보다 다가올 좋은 일들에 대해 덜 개방적이게 할 뿐"입니다. 그러니 걱정할 가치가 없습니다. '덜 매력적인 사람'이 되게 한다니 더더욱 그렇습니다.

그러나 《불안과의 싸움》을 쓴 앨버트 엘리스(Albert Ellis)는 걱정에는 장점도 꽤 있다고 역설합니다. '분별 있는 걱정'에는 "어떤 일의 실패에 대해 숙고하게 하면서 그 실패에의 경계심을 늦추지 않게 하는 힘"이 있고, 그래서 오히려 "어떤 계획의 세부적인 면을 점검하거나 일의 차질을 대비하는 수고와 노력이며 일 자체가 주는 재미와 그것에 몰두하는 기쁨을 이끌어내기도 한다"는 겁니다. 실제로 걱정이 많은 사람들이 어떤 일을 남보다 더 꼼꼼하고 세밀하게 대비하고 처리하는 경우도 많습니다.

하지만 그래도 걱정은 너무 길어지거나 깊어지지 않도록 처음부터 적극적으로 막는 게 낫습니다. 잘 알려진 격언 중에 이런 말이 있습니다. "걱정이란 흔들의자와 같아서 계속 움직이지만 당신을 어디로도 데려가지 않는다." 걱정이 좀 길어지거나 깊어진다 싶을 때면, 늙고 무기력하고 쇠약한 백발 노인이 된 자신이 요양원의 흔들의자에 앉아 있는 모습을 상상해봐도 좋을 듯합니다. 그래도 효과가 없을 때는 좀 더 자극적으로 사냥개들에게 가혹하게 마구 물어뜯기는 자기 자신을 상상하면서 걱정의 수위를 낮춰보시기 바랍니다.

소심하고 수줍은 내가 좋아

최근에 한 대학 심리학과에서 실시한 설문 조사에 따르면 배우자를 선택할 때 미혼 남녀들이 가장 중요하게 여기는 조건 1위는 남녀 모두 '성격'이었습니다. 제가 자주 들어가보는 한 대학생 커뮤니티 사이트의 고민 상담 게시판에서도, 결혼을 앞둔 남자 친구나 여자 친구의 성격에 관한 고민이 올라오면 "성격은 정말 중요하니 결혼을 다시 잘 생각해봐라.", "다른 것은 몰라도 성격은 평생 고치기 힘드니 잘 판단해라." 같은 조언 댓글이 많이 달립니다. 그때마다 성격의 중요성을 이렇게들 일찍 알고 있다니 요즘 젊은 세대들은 참 지혜롭구나, 저절로 감탄하게 됩니다.

성격. 누군가가 묻는다면 저도 그렇게 답할 듯합니다. 정말 중요하고 또 평생 바뀌지 않는 것이라고요.

돌아보면 저 자신부터 그랬습니다. 딱 1년만 하겠다던 방송국 작가 생활을 계속한 것은 당시에는 꽤 높았던 보수의 유혹이나 전업 시인으로 사는 불안 때문만은 아니었습니다. 한편으로는 낯가림과 열등감, 위축감이 너무 심한 제 성격에 대한 혐오 때문이기도 했습니다. 시인으로 살기에 문제가 되기는커녕 오히려 더없이 적합한 훌륭한 성격이라고 아무리 자기 합리화를 해봐도 성격을 고치지 않으면 이후의 삶이 너무나 자학적이고 고단할 듯했습니다. 그런데 마침 제 성격과 가장 반대되는 사교성이 필요한 방송국에서 일을 하게 됐으니 일을 하면서 성격도 한번 고쳐보자, 했던 것이었습니다.

과연 도움이 되는 듯했습니다. 누구를 만나도 크게 어색해하지 않고 어떤 분위기도 제법 천연덕스럽게 잘 넘기게 되었습니다. 너스레도 잘 떨고 사람을 대할 때의 긴장이나 겁, 불안이나 불편, 거부감이 모두 다 크게 줄어드는 등 마침내 성격이 완전히 변하는 듯했습니다. 옛날 성격은 깨끗이 사라지고 완전히 새로운 성격을 갖게 됐다 싶었습니다.

하지만 오래지 않아 그게 아니라는 것을 알았습니다. 변화는 지극히 표피적이고 미미할 뿐이었습니다. 잔뜩 긴장한 채 억지로 노력할 때만 잠깐 달라진 듯이 '느껴질' 뿐이었습니다. 깊숙한 내면에서는 달라진 것이 거의 없었습니다. 오히려 크기가 맞지 않는 옷을 억지로 입고 있는 것처럼 더 힘겹고 우스꽝스러운 성격이 되어 가고 있었습니다. 괜한 시간과 노력만 엄청나게 낭비한 셈이었던 겁니다. 크게 후회하면서 원래 성격으로 다시 되돌아갔고, 그 후로는 그냥 '원래 성격대로 살자'는 주의가 되었습니다.

영국의 성격심리학자 대니얼 네틀은 사람의 성격 특질을 외향성, 신경성, 성실성, 친화성, 개방성 다섯 가지로 분류합니다. 그리고 다섯 가지 성격이 지닌 저마다의 장점과 단점을 중시할 뿐, 성격들 간의 비교우위에는 큰 가치나 의미를 두지 않습니다. "인류사를 통틀어 '가장 좋은 성격'이란 존재하지 않기" 때문입니다. 따라서 성격에 관한 한 우리가 할 수 있는 최선의 일은 "고치기보다는 이미 깃들어 있는 장점을 새롭게 발견해내는 것"이라고 네틀은 강조합니다. 내 성격이든 다른 사람 성격이든 마찬가지입니다. 고치기보다는 인정하고 이해하면서 가능한 한 자기 성격에 맞게 사는 것, 다른 사람을 최대한 자기 성격에 맞게 살도록 해주는 것. 그것이 성격 문제에서 우리가 선택할 수 있는 최고의 개선책일 듯합니다.

"너 참 장해!" 한마디의 위안

어느 날 한 여성이 심리 치료 전문가인 밀턴 에릭슨(Milton Erickson) 박사를 찾았습니다. 그녀는 평소 남한테 속마음을 잘 털어놓지 못하는 성격이었는데, 상담할 때도 마찬가지여서 결국 상담은 곧 흐지부지됩니다. 그러나 어떻게든 심리적 고통에서 벗어나고 싶었던 그녀는 얼마 후 에릭슨 박사에게 제안합니다. "약속된 시간에 박사님 집 앞 길가에 차를 세우고 박사님과 면담한다고 상상하면서 혼자 이야기를 하겠다. 그러니 그 시간에 박사님도 꼭 진지하게 상담에 응하는 중이라고 생각해 달라."는 제안이었습니다. 일종의 텔레파시 상담을 해 달라는 것이었습니다. 에릭슨 박사는 제안에 응했습니다. 얼마가 지났을까, 에릭슨 박사 앞으로 마음이 편해졌다는 편지와 함께 약속했던 액수의 상담 비용이 도착했습니다. 에릭슨 박사는 그 일을 계기로 심하게 내향적인 사람에게는 상상 상담도 대면 상담과 같은 치료 효과를 볼 수 있다는 연구 결과를 이끌어냈습니다.

상상 상담은 굉장히 비현실적일뿐더러 자칫하면 비싼 상담료만 날릴 수 있는 위험한 방법이기도 합니다. 앞에 나온 여성은 '아무리 힘들어도 누구에게도 절대 털어놓거나 조언을 구하지 못하는 성격'에 대한 상담부터 먼저 해야 할 듯도 합니다.

그러나 한편으로는 상상 상담에서 확인할 수 있는 아주 중요한 사실이 하나 있습니다. 어지간한 심리 문제는 전문가에게 찾아가지 않고 혼자서도 풀 수 있다는 가능성입니다. 전문가 집 앞에 차를 세우고 상상 상담을 하는 것도 엄밀히 따지자면 자기 힘으로 자기 자신과 상담을 하는 것입니다. 전문의와 상상 상담을 하는 것으로 가정하고 마음속으로 나 자신과 대화를 하다 보면 스스로 심리 문제의 해결책을 찾고 치료할 수 있지 않을까요?

그런가 하면 친구도 최고의 심리 상담가일 수 있습니다. 몇 해 전 미국에서 살다 잠시 귀국한 중학교 동창 친구를 만났습니다. 고등학교 때 미국으로 이민을 간 친구인데 중학교를 졸업한 뒤 처음 만나는 자리였습니다. 그러니 살아 온 이야기가 잔뜩 쌓여 있었습니다. 그 친구가 먼저 자기 이야기를 했고, 한참을 듣고 난 다음 이제 제 차례가 왔습니다. 십몇 년 만에 만나는 자리를 무겁게 할 마음은 전혀 없었기에, 20대에 겪은 심한 집안 불화를 남 이야기하듯 짧고 경쾌하게 간추렸습니다. 정말로 '짧고 경쾌하게'였습니다.

그런데 이 친구, 인사동의 사람 많은 전통 찻집에서 갑자기 눈물을 쏟다 못해 엉엉 통곡을 합니다. 그러면서 제게 거듭 말합니다. "너 정말 장하다, 정말 장해. 어떻게 그런 상황을 무사히 견디고 나왔니. 너 정말 장하다." 미국에서 부전공으로 심리 상담을 공부했다더니 무조건 칭찬과 위로를 하는구나 싶어 열없기도 하고, 주위 사람들 눈도 의식돼서 "장하기는, 내가 소녀가장이었던 것도 아니고." 하면서 역시나 짧고 경쾌하게 분위기를 무마하고 넘어가려고 했습니다. 그런데 그 순간 갑자기 제 눈에서도 눈물이 터졌습니다. 친구의 눈물에서 인간으로서 진정한 공감과 애정이 느껴졌기 때문이었습니다. 제가 그 시절을 생각할 때마다 간절히 듣고 싶었던 단 한마디가 바로 그 말이었다는, 그 공감의 한마디였다는 걸 느낀 것이었습니다. 친구야말로 20년 만에 만나도 단번에 마음의 고통을 이해해주고 공감해주는 최상의 전문 상담의였던 겁니다. 그러니 자주 보는 친구들이야 열 배, 스무 배 더 좋은 최선의 상담가일 수 있겠지요. 친구나 주위 사람 하나만 잘 둬도, 그 사람 말에 귀만 잘 기울일 줄 알아도 비싼 상담료 들이지 않고 심리 문제며 마음의 고통을 치유할 수 있는 겁니다. 물론 그러기도 여의치 않을 때는 혼자만의 상상 상담이라는 또다른 방법도 있고 말입니다.

나답게 살려면

영화평론가인 데이비드 덴비(David Denby)의 《위대한 책들과의 만남》에는 이런 경험담이 나옵니다. 어느 날 한 노교수가 덴비에게 소설가 제인 오스틴을 주제로 특강을 부탁합니다. 그는 제인 오스틴에 관해서라면 누구보다 잘 말할 수 있다는 자신감과 의욕에 넘쳐서 강연을 시작합니다. 하지만 강연 중간에 벌써 "녹초가 됐을뿐더러 대신 지휘를 맡은 젊은이가 자기 단원들을 너무 심하게 몰아붙이는 걸 보는 오케스트라 지휘자의 기분 같았을 노교수의 시선"마저 느낍니다. 그는 기진맥진한 상태로 예정에 없던 휴식 시간을 갖습니다. 그리고 잠시 쉬는 동안 비로소 자신이 강연에서 통제력을 잃을까봐 초조한 나머지 너무 서두르다가 오히려 통제력을 잃었음을 깨닫습니다. 자기 자신을 놓치고 잃어버린 겁니다.

'수오재'는 정약용의 맏형 정약현이 자신의 집에다 붙인 당호였습니다. 정약용은 처음엔 그 이름을 이상하다고 생각합니다. "붙들어 지키지 않는들 떠나려야 떠날 수 없는 것이 자기 자신인데, 자신을 지킨다는 뜻의 '수오재'라니 이상한 이름이다."라고 생각한 겁니다. 하지만 후에 귀양을 가서 깨닫습니다. "'나'라는 것은 그 성품이 달아나기를 잘하며 출입이 무상하므로, 이 세상 천하 만물은 지킬 필요가 없어도 나, 즉 자기 자신은 그 어떤 것보다 잃기 쉬우므로 잘 지켜야 한다." 그렇게 수오재의 진정한 의미를 깨우친 그는 앞으로 어떤 경우에도 자신을 잃지 않는 '수오'의 삶을 살겠다고 다짐합니다. 그 다짐은 40세였던 그의 인생에 중요한 분기점이 됩니다.

자신을 지킨다는 것은 자기만의 기준과 방식을 무조건 고집한다는 의미는 물론 아닐 겁니다. 오히려 그런 지나친 고집을 잘 분별해 가면서 자신에 대한 과장이나 허세, 지나친 위축과 불안 같은 것들에 결코 휘둘리지 않는다는 뜻일 겁니다. 자신에게 가장 적합한 정도를 스스로 잘 알고 지키면서, 무리한 욕심을 내거나 스스로를 비하하지 않는다는 뜻일 겁니다.

현대 심리학은 '자아'를 중요시하는 프로이트의 '자아 심리학(ego psychology)'에서 '자기', '자기됨(selfhood)'를 중요시하는 '자기 심리학(self psychology)'으로 이동하고 있습니다. 하인즈 코헛(Heinz Kohut)은 자기 심리학을 발전시킨 대표적인 독일 심리학자입니다.

그의 이론을 요약하는 개념 중에 '비극적인 인간(tragic man)'이란 용어가 있는데, 이 말은 '자기를 확립하는 데 실패한 인간'을 뜻합니다. '자기 표현적' 또는 '창조적'인 삶을 살지 못하는 인간이라는 뜻입니다.

하지만 실패나 비극에는 새로운 깨달음이나 만회의 기쁨도 있기 마련입니다. 데이비드 덴비도 특강 실패 후에 스스로에게 말합니다. "그럴수록 더 배우고 더 나아가라. 아직도 해야 할 일이 많으니까."

내 안에 있는 세 명의 자아

2010년 가을, 차를 마련하려고 인터넷의 자동차 사이트를 자주 들락거렸습니다. 운전을 그만둔 지 20여 년 만이었으니 거의 초보자의 첫 자동차 구매나 마찬가지였습니다. 자동차에 대한 지극히 기초적인 지식부터 성능이며 차종까지 다 처음 안 듯한 느낌이었습니다. 젊은 자동차 영업 사원을 '영맨'이라고 부른다는 것도 그때 처음 알았습니다.

어느 날 드디어 제게도 '영맨'이 차 견적서를 들고 찾아왔습니다. 방송 원고 작업을 늘 대학 도서관에 가서 하기에 도서관 옆 건물 휴게실에서 만났습니다. 사전에 통화할 때 분명 경차를 사겠다고 했고, 교수가 아니라고 신분도 미리 밝혔습니다. 그런데 그 '영맨'은 자리에 앉자마자 중형차 카탈로그를 내밀면서, 주위 학생들 들으라는 듯이 큰 소리로 말했습니다.

"교수님이면 사실 이 정도는 타셔야죠."

대중 심리학 열풍의 첫 주자라 할 수 있는 미국의 정신의학자 에릭 번(Eric Berne)의 《심리 게임》에도 처음으로 차를 마련하려고 자동차 대리점에 간 사람 이야기가 나옵니다. 그 사람이 살 수 있는 차도 저처럼 경차입니다. 그런데 대리점의 판매원이 그에게 이런저런 경차를 보여주다가 갑자기 훨씬 비싼 중소형차를 보여주며 말합니다.
"이쪽이 여러모로 훨씬 더 낫긴 한데, 고객님께는 좀 부담스러운 가격이죠."
아주 무딘 사람이 아니라면 그 말에 의도적이든 아니든 '이 차가 훨씬 더 좋지만 당신은 이 차를 살 만한 형편이 안 될 테지.'라는 무시의 뉘앙스가 섞여 있다는 걸 금세 느낄 수 있습니다.
에릭 번에 따르면 사람 안에는 세 명의 자아가 존재합니다. 아이 자아, 어른 자아, 부모 자아입니다. 셋은 맡은 역할도 다르고 튀어나오는 순간도 제각각입니다. 앞의 사례의 경우 아이 자아가 앞서 나가면 차를 사러 간 사람은 발끈해서 고급 승용차의 카탈로그를 끌어당기게 됩니다. '빚을 지든 말든, 일단 이 거만한 판매원에게 내가 마음먹으면 그 정도쯤은 살 수도 있다는 것을 보여주겠어.' 하는 생각이 앞서는 겁니다. 하지만 어른 자아가 더 강력한 사람은 이렇게 대답한다고 합니다. "맞아요. 그러니 지는 경차를 사야겠어요."

뭔가를 살 때면 웬일인지 늘 아이 자아가 훨씬 강력해집니다. 백화점에 갔다가 직원의 은근히 무시하는 듯한 태도 때문에 5만 원짜리를 사려던 것을 15만 원짜리를 사고, 돌아서기 무섭게 체면이고 뭐고 당장 다시 환불해 달라고 할까 하는 폭풍 같은 후회와 자책에 시달린 경험이 한 번쯤 있으실 겁니다. 그런 심리를 이용해 고급 브랜드에서는 '은근한 무시'를 아예 마케팅 전략으로 활용할 때도 있다고 합니다. 그러니 무시는 무시대로 당하고 돈은 돈대로 낭비하면서 분수에 어긋난 짓을 했다는 자책감에까지 시달리지 않으려면 그야말로 '은근한 무시'나 '무시당하는 느낌'을 단숨에 무시할 수 있는 내공이 필요합니다. 충동적인 순간일수록 어른 자아를 앞세울 수 있는, 어른 자아가 저절로 앞서게 하는 능력도 갖추어야 하는 겁니다.

'고뇌'는 우리를 성숙시킨다

    심리학자인 조엘 쿠퍼먼(Joel Kupperman)은 《훌륭한 인생에 관한 여섯 개의 신화》에서 많은 사람들이 잘못 믿고 있는 신화 여섯 가지 중의 하나로 "인생은 꼭 즐거워야 한다."를 꼽습니다. 그러면서 인생에서 정말 중요한 것은 "즐거움이나 쾌락의 크고 작음이 우리의 인생 전체를 좌우한다"는 생각이 아니라 "인생 자체에 대해 단순하지 않게 더 깊이 생각하고 성찰하는 것과, 그 생각과 성찰 속에서 어떤 보편적인 잣대를 찾기보다는 저마다의 출구를 찾으면서 사는 것"이라고 거듭 강조합니다.

    글을 쓰거나 책을 빌리러 대학 도서관에 자주 가는데 가끔 캠퍼스에서 커다랗고 하얀 개를 마주칠 때가 있습니다. 몸에 '시각 장애인 안내견'이라 쓰인 휘장을 두른 안내견입니다. 주인만 보면 마구 뛰어오르거나 꼬리를 흔들어대느라 정신없는 것이 개들의 속성일 텐데, 그 안내견은 한 번도 그런 몸짓 없이 늘 의젓하고 차분합니다. 흰 양복을 갖춰 입은 충직한 보디가드처럼 시종일관 묵묵히 주인 여학생을 안내하고 기다리고 보호합니다. 어찌나 미덥고 든든한지 제가 여학생의 가족이라도 되는 듯 볼 때마다 고맙다, 하면서 덥석 껴안아주고 싶을 정도입니다.

하지만 그런 생각조차 괜한 오지랖일 정도로 여학생 또한 늘 밝고도 담담하고 평온해 보입니다. 하지만 아무리 그래도 어느 시기에는 억울함과 분노와 좌절로 수없이 괴로워하고 고뇌하지 않았을까요.

'고뇌'의 사전적인 뜻은 '괴로워하고 번뇌함'입니다. 어딘지 시대에 뒤떨어진 낡은 고어 투의 단어 같지만, 심리학에서 고뇌의 가치는 여전히 크고 중요합니다. 사람의 마음이 그 사람에게 주는 뜻 깊은 메시지가 담겨 있기 때문입니다. 고뇌를 잘 해석하고 유념하면 인생의 어딘가에 어떤 값진 것이 숨어 있는지를 알아낼 수 있는 지도가 됩니다. 시각 장애를 가진 여학생도 고뇌가 주는 메시지를 잘 찾고 좋은 지도로 활용했기 때문에 그렇게 담담하고 명랑한 분위기를 띨 수 있는 것이라 생각합니다.

분석 심리학의 창시자인 카를 융(Carl Jung) 역시 자신에게 특별한 학문적인 성취를 가능하게 해준 것은 청년기의 고뇌였다고 고백한 바 있습니다. 한편 작가이자 미술 비평가로 유명한 존 버거(John

Berger)는 《본다는 것의 의미》에 이렇게 썼습니다. "인간이 인간 자신의 내면에 깃든 기계적인 측면을 초월하기 위해 할 줄 알아야 하는 것이 바로 '고뇌'다." 인간의 내면에는 본질적으로 차갑고 단조로운 기계 같은 측면이 있는데, 그걸 극복하고 초월하려면 고뇌할 줄 알아야 한다는 겁니다. 고뇌할 줄 알아야 인간이라는 겁니다. 앞서 이야기한 조엘 쿠퍼먼이 인생에서 정말 중요한 것이라고 말한 '생각과 성찰'도 고뇌와 같은 뜻의 다른 단어일 겁니다. 각자의 인생을 가치 있게 만드는 '저마다의 출구'로 가는 길에는 항상 고뇌라는 어렵고 힘든 고비가 있음을 이해하고 받아들이는 것이야말로 심리 성장의 가장 중요한 근본이라고 할 수 있을 겁니다.

화가 나면 목소리를 낮춰라

'화'는 일상의 심리를 좌우하는 감정 내지 기분 중에 가장 자주 부딪치는, 그러면서도 가장 통제가 어려운 난제 중의 하나입니다.

최근에 일본으로 가족 패키지 여행을 갔을 때입니다. 하우스텐보스에서 한 시간 정도의 점심시간이 자유롭게 주어지길래 우리 가족은 세계적으로 유명하다는 국수집에 갔습니다. 기다리는 줄이 너무 길었지만 지친 다리도 쉴 겸 세 식구가 줄에 가 섰습니다. 그로부터 삼사십 분쯤 지났을까, 마침내 앞쪽에 두 사람 정도만 남기에 이르렀습니다. 드디어 먹나 보다 하고 마음을 놓는 순간인데 갑자기 앞에 선 한국인 두 사람과 가이드가 뒤쪽 문 밖에다 대고 소리칩니다. "다들 들어오세요. 차례 됐어요." 다음 순간 거짓말 안 보태고 스무 명 가량이 한꺼번에 우르르 몰려와 저희 앞에 섰습니다. 미안해하거나 양해를 구하는 기색은 전혀 없습니다. 화를 잘 내는 편인 저는 당연히 엄청나게 화가 났습니다.

요즘 정신의학이나 심리학에서는 화에 관한 한 '나면 내라'는 것이 대세입니다. 물론 아무 일에나 이유 불문하고 무조건 내라는 건 아니겠지만, 어쨌든 화는 참지 말고 내야 병이 안 된다는 것이 대부분의 심리서에서 보이는 권고이며 주장입니다. 우리나라 사람들, 특히 어머니들이 무슨 일이든 무조건 참고 감수하다가 '화병'이라는 한국 고유의 심리 질환까지 세계 정신의학 용어로 등재시킨 걸 생각하면 그런 권고들, 백 번 옳습니다.

하지만 부부 심리 치료사인 롤프 메르클레와 도리스 볼프는 "극심한 분노는 사람을 무력하게 만드는 감정"이며 "머리끝까지 화가 나면 두뇌를 냉철하게 쓸 수 없고 이성적인 결정을 내릴 수가 없"으니 화는 역시 내지 않는 게 좋다, 더욱이 대부분의 일에는 화를 내고 언성을 높여서 얻을 수 있는 효과보다 "흥분하지 않은 침착하고 조용한 목소리로 상대의 행동에 동의하지 않는다고 말했을 때의 효과가 훨씬 크다."고 강조합니다.

정당히 내야 할 화조차 내지 않는 건 비겁하고 비굴한 일일 겁니다. 세상의 부당함과 인간의 무례함이 내 지나친 인내 때문에 더욱 심해질 수도 있습니다. 하지만 "화내는 것으로는 결코 상대방을 바꿀 수도 없고, 오히려 자신이 어떤 점에 민감한지, 자기 결점만 확대

인식시키게 된다."는 롤프 부부의 가르침을 기억하며 최대한 참는 게 상대를 바꾸고 나 자신을 지키면서 더 나은 삶을 사는 데 훨씬 도움이 되리라 생각합니다. 화를 잘 내는 성격이라면 특히 더 그렇습니다. 앞에서 이야기한 국수집에서 저는 용케 화를 내지 않았습니다. 그런데도, 아니 그래서인지 전혀 미안한 기색이 없던 그들이 잠시 후에 사과를 해 왔습니다.

'의심병'을 고치려면

어떤 남자가 오랫동안 짝사랑만 하던 거래처 여직원과 마침내 데이트를 하게 됐습니다. 너무나 벅차고 기뻤죠. 두 번째 데이트에 벌써 청혼을 결심할 정도였습니다.

하지만 청혼 시기를 가늠하면서 데이트를 거듭하다가 알게 됐습니다. 그녀는 중증의 '의심병' 환자였습니다. 음식점에 가면 남긴 반찬을 재사용할까봐 언제나 먹고 남은 반찬을 모두 모아서 물을 붓거나 다른 양념을 잔뜩 쏟아놓습니다. 심지어 옆 테이블에 남겨진 반찬까지 가져다 그렇게 합니다. 우체국에 가면 우체국 직원이 아무래도 자신의 소포에 확인서를 안 붙이고 소포를 빼돌리는 것 같다며 다시 들어가서 확인하기도 합니다. 택시를 타면 늘 미터기가 조작된 것 같다며 기사 아저씨를 의심하고, 물건을 살 때면 뭐든 가짜가 아닐까 의심했습니다.

무엇보다 어느 순간부터인가 남자의 여자관계를 의심하기 시작했습니다. 의심을 넘어선 확신이었습니다. 분명히 또 다른 여자가 있다는 것이었습니다. 알고 보니 이전 남자 친구와도 그런 의심이 문제가 되어 헤어진 것이었습니다. 상담이라도 받아보게 하고 싶었지만 본인은 자신을 절대적으로 정상적이라고 생각하니 결국 남자는 헤어질 수밖에 없었다고 합니다.

이훈진의 《편집성 성격장애》에는 의심 많은 사람들의 특징이 이렇게 설명되어 있습니다. "그들은 심지어 호의적인 일에서조차 속임수와 기만의 신호를 찾으려 한다. 다른 사람들이 나쁜 동기를 숨긴 채 자신을 속이려 한다는 생각으로 상대방을 화나게 하고, 그래서 상대방이 화를 내면 자신의 예상이 적중했다는 생각에 의심과 경계 의식을 더욱 강화한다." 의심이 당연하고 합당하다고 미리 설정해놓고 거기에 상대방을 무조건 꿰맞추는 겁니다. 의심할 만한지 아닌지를 이성적으로 판단하고 말고도 없이 그냥 무조건 의심부터 하는 거죠. 마음 밑바닥에 모두가 자신을 속이려 한다는 철저한 불신이 깔려 있어서 그렇습니다. '의심병'은 정신과 의사들이 제일 치료하기 힘들어하는 증세라고 합니다. 다른 환자들과는 달리 의심을 하고 있어야, 즉 병을 갖고 있어야 편안하고 안전하다는 생각을 하기 때문에 더욱 그렇다고 합니다.

그렇기 때문에 '의심병'을 고치려면 의심 자체를 줄이려는 노력보다 의심과 상관없어 보이는 다른 심리를 개선하거나 보강하는 것이 더 효과적이라고 합니다. 이를테면 열등감에서 벗어나려는 노력을 통해 자기 자신을 더 후하고 여유롭게 평가하기, 모든 사람이 매사에 나를 속일 확률보다 그렇지 않을 확률이 훨씬 높음을 합리적으로 이해하기, 인생 전체나 재산 전부가 걸린 정도가 아니라면 '가끔은 손해도 좀 볼 수 있다'는 관대하거나 태평한 마음 갖기 등의 노력이 훨씬 효과적인 겁니다.

무엇보다 의심은 타인에게 지나치게 촉각을 곤두세운 채 몰두하고 집중하는 데서 비롯되기도 합니다. 따라서 관심을 자기 자신의 행복이나 보람으로 돌리면서 자기만의 능력 계발이나 발전에 보다 많은 시간과 생각을 쏟으라는 것이 심리학이 들려주는 조언입니다.

마음도 가끔은 흐림

요즘 주위를 둘러보면 심리학의 시대라기보다 우울증의 시대라고 해야 할 듯합니다. 침체기나 스캔들을 겪고 오랜만에 컴백한 연예인들은 정신적으로 힘들었던 시기를 거의 다 "우울증을 앓았다", "우울증이 심해서 죽으려고도 생각했다"고 말합니다. 보통 사람들도 덜하지 않습니다. 우울증이란 단어나 증세를 '감기'나 '스트레스'라는 말보다 더 흔하게 사용하는 듯합니다. 거의 범람 수준입니다.

물론 그렇게 해서라도 우울증의 위험이나 어려움이 널리 알려지고 강조되는 것은 나쁘지 않습니다. 그래야 할 만큼 우울증은 무서운 병이기도 합니다. 프랑스의 철학자 루이 알튀세르(Louis Althusser)는 평생을 우울증에 시달리다가 1980년에는 우울증으로 인한 착란 상태에서 아내 엘렌 리트만을 죽이고 맙니다. 법적으로는 비정상적인 상태에서 저지른 우발적인 행동이라고 면소(免訴) 판결을 받았지만, 그 후 줄곧 후견인의 보호와 감금 상태에 있다가 결국 10년 뒤에 세상을 떠납니다. 우울증이 본인에게도 주위 사람에게도 얼마나 위험하고 불행한 병인지를 더없이 비극적으로 알려주는 사례가 아닐 수 없습니다. 그런가 하면 《소피의 선택》으로 유명한 인기 작가 윌리엄 스타이런(William Styron)도 심한 우울증을 앓았습니다. 어느 날 그는 상을 받으러 시상식장에 가는 길에 갑자기 발작적인 우울증 증세가 시작되는 바람에 완전히 공황 상태에 빠진 채 안절부절못하다가 결국 상금으로 받은 고액의 수표를 잃어버립니다. 물질적으로도 너무나 큰 실수를 쉽게 초래하는 병이 우울증인 겁니다. 그러니 갑작스러운 유행 덕분이더라도 누구나 쉽게 우울증을 경계하고 빨리 대처하거나 치료할 수 있다면 좋은 일입니다.

하지만 미국의 유명 드라마 시리즈 〈위기의 주부들〉의 한 장면을 떠올려봅니다. 주인공인 네 명의 여성 중 한 명인 브리는 어느 날 남편과 함께 정신과 주치의에게 부부 문제를 상담받다가 화가 나서 진료실을 그대로 뛰쳐나옵니다. 하지만 다음 날 저녁, 혼자 식당에 갔다가 역시 혼자 식사를 하러 온 주치의를 발견하자 합석을 하고 싶어 합니다. 전날의 자기 태도를 해명하고 얼른 다시 상담을 계속하고 싶었던 겁니다. 주치의는 처음에는 병원 밖에서 환자를 만나는 건 금지되어 있다면서 거절하다가, 브리의 간절한 눈빛에 할 수 없이 합석을 허락합니다. 마주앉은 두 사람이 제일 처음 한 일은 상담료 지불을 위해 수표에 서명하는 것이었습니다.

그 철저한 공사 구분에도 혀가 내둘러졌지만 한편으로는 미국인들에게 정신과 상담이 얼마나 일상적인지를 쉽게 체감할 수 있었습니다. 이러다가 앞으로 '약은 약사에게, 진료는 의사에게' 식으로 '고민이나 갈등 같은 내면 심리에 관한 것들은 무조건 정신과 의사나 심리 상담가에게' 맡기고 현대인들은 몸이라는 껍데기만 갖고 살게 되는 것이 아닐까 하는 생각에 씁쓸하기도 했습니다.

사실 우울이라는 감정은 참 많은 작가나 철학자나 예술가들의 창작 활동에 오히려 큰 버팀대이자 활력소가 되어주는 감정이기도 합니다. 인간과 세상의 속성을 더 정직하게 느끼고 받아들이게 하는 우울은 보통 사람들에게도 자신을 돌아보고 겸손을 익히는 좋은 계기가 되기도 합니다.

영문학자이자 심리학 저술가인 에릭 윌슨(Eric Wilson)은 《멜랑콜리 즐기기》에서 줄곧 이렇게 강조합니다. "슬픔, 상실, 우울, 멜랑콜리란 감정들이 생을 불완전하게 만드는 것들이며 그래서 추방되어야 한다고 흔히들 생각하지만, 그런 감정들이야말로 진정한 행복의 원천이거나 세상을 움직이는 진정한 힘이 되기도 한다." 그런 우울을 무조건 중증의 심리 질환이자 경계 대상 1호인 현대인의 질병인 것처럼 몰아가는 것이야말로 심리학 과잉 시대의 부작용이 아닐까 싶습니다.

날씨가 맑기도 하고 흐리기도 한 것처럼 인간의 마음도 가끔은 우울해지는 게 당연합니다. 우울이라는 감정을 조금 낮고 흐린, 그래서 때로는 지나치게 들뜬 생각이나 허황된 마음을 차분히 가라앉혀주기도 하는, 때로는 감성적이고 예술적인 생각을 불러일으키기도 하는 자연스러운 마음 상태 중의 하나로 다시 되돌려놓는 일. 우울에 씌워지는 '중증의 병적 심리 상태'라는 오명을 벗겨주고 우울의 참된 가치를 되찾는 일이야말로 현대인의 중요한 심리 과제가 아닐까 생각합니다.

지루함도 습관이다

프랑스 시인 샤를 보들레르(Charles Baudelaire)는 시집 《악의 꽃》 서문에서 지루함을 "우리 악덕의 추잡한 짐승 중에서도 더 추잡하고 더 악하고 더 더러운 것"이라면서 그것이 종내는 "지구 위를 어기적거리며 커다란 하품 속에 기어이 세계를 삼켜버릴 것"이라고 경고했습니다. 포르투갈 시인인 페르난도 페수아(Fernando Pessoa)도 지루함을 "짙은 안개처럼 우리 온 정신을 휘감고는 생각도 또 행동도 하지 못하게 하면서 뚜렷하게 살아 있지 못하게 만드는 잠과 같은 느낌, 마치 존재하지 않음에 취해 있는 것 같은 느낌"이라고 정의했습니다. '뚜렷하게 살아 있지 못하는 잠과 같은 느낌', '존재하지 않음에 취해 있는 것 같은 느낌'······. 거의 잠재적인 죽음의 상태가 아닐 수 없습니다. 그러니 《분노의 포도》를 쓴 미국 작가 존 스타인벡(John Steinbeck)도 "나는 좋은 기후 속에서 살아왔지만 그것은 나를 죽도록 지루하게 했다. 나는 기후보다는 날씨가 좋다."며 차라리 수시로 예측 불가능하게 나빠지는 변덕스런 날씨가 더 낫다고 한 것이겠지요.

실제로 최근 영국 의학자들의 조사 결과에 따르면 인생에 대해 '지루해 죽겠다'는 감정을 자주 느끼는 이들일수록 그렇지 않은 이들보다 사망률이 약 1.3배 높게 나타났다고 합니다. 사망 원인으로는 심장 질환의 비율이 상대적으로 훨씬 높았다고 합니다. 지루함과 심장 질환, 왠지 좀 상충되게 느껴지지 않나요? 하지만 인생을 지루하다고 생각하는 이들일수록 운동을 하거나 해변을 찾기보다는 술이나 담배같이 당장 위안이 되는, 그러나 심장에는 해로운 것들을 찾는 경우가 더 많기 때문이라는 설명을 들으면 고개를 끄덕이게 됩니다.

그런가 하면 심리학에서는 지루함의 원인을 외부 환경보다는 그 사람 자신의 감정적인 습관이나 의욕 부진으로 분석할 때가 많습니다. 주위에 정말 즐겁고 신나는 일이 없어서라기보다는 뭐든 재미없어하고 시들해하고 냉소적으로 보는 그 사람 자신의 습관적인 태도나 의욕 고갈에 더 큰 원인이 있다는 겁니다.

그래서 심리학자 그레이엄 프라이스(Graham Price)는 지루함을 떨치려면 무엇보다 "생각의 초점을 자기 자신에게서 다른 이들이나 다른 대상으로 바꾸라."고 조언합니다. 내가 지루하고 권태로운 건 순전히 세상과 세상 사람들이 시원찮고 하찮아서라는 자기 중심적인 자만과 이기심부터 버리고, 좀 더 겸손한 눈과 마음으로 주위를 둘러보면서 일상에 대한 의욕을 스스로 적극적으로 부추기고 작동시키라고 합니다. 결국 스스로 변해야 한다는 겁니다.

스트레스는 정신을 깨운다

그동안 두통을 너무나 잘 아는, 더없이 익숙한 병이라고 생각했습니다. 그런데 지난 여름에 태어나서 이런 통증은 처음이다 싶은 두통을 겪었습니다. 통증이 너무나 날카롭고 격심해서 저절로 온 몸이 움찔움찔할 정도였고, 나중에는 머리에다 대고 "대체 왜 이러는 거야!" 하고 소리를 지르고 싶을 정도였습니다. 두통약도 별 소용이 없었습니다. 그런데도 병원엘 가면 결국 또 '스트레스 때문'이라는, 만병통치약이 아니라 만병에 내놓는 진단만 받게 될까봐, 아니면 반대로 뇌에서 심각한 이상이라도 발견될까봐 겁이 나서 병원에도 가지 않았습니다.

그런데 더는 두통약도 먹지 않고, 병원도 물론 가지 않고, 달리 아무 것도 하지 않았는데도 어느 날 통증이 가라앉았습니다. 특히 더 잘해내야 한다는 중압감이 엄청났던 일을 무사히 끝낸 날이었습니다. 역시 스트레스성 두통이었던 겁니다. 그러니 시작될 때부터 충분히 짐작할 수 있었던 두통이었고, 따라서 어떤 방법으로든 긴장을 이완시킨다든지, 차라리 일을 포기해버린다든지 하면서 직접 달래고 가라앉힐 수도 있었던 두통이었을 텐데 피하지 못하고 고스란히 시달렸던 겁니다. 그렇게 생각하니 아직 스트레스에 혼이 덜 났구나 싶기도 했습니다.

그 무렵에 만난 한 시인 후배도 몇 달 전 비슷한 두통 증세 때문에 병원에 가서 척수 검사까지 했다고 합니다. 후배 역시 과중하고 부담스럽던 업무가 끝나자 그날로 바로 두통이 씻은 듯 가라앉았다고 했습니다. 스트레스가 신체적으로도 얼마나 직접적이고 무서운 통증을 가져오는지, 얼마나 위험한지를 다시금 절감하지 않을 수 없었습니다. 그래서 그때 저 자신과 두 가지 약속을 했습니다. 첫째, 다시는 그런 두통이 올 만큼 일하는 시간이나 일의 양에 과부하가 걸리지 말게 할 것. 둘째, 만약 또 그 정도로 심각한 두통이 시작되면 세상없는 중요한 일이라 해도 그날로 즉시 '무조건' 포기하고 쉴 것. 의사들이 스트레스 때문이라며 무조건 쉬라고 할 땐 정말 쉬어야 하는 겁니다.

《불안의 심리학》을 쓴 독일 의학자 게랄트 휘터(Gerald Hüther)는 스트레스를 "어떤 위협적이고 난감한 것과 마주친 우리들의 뇌가 느끼는 당황"이라고 정의합니다. 당황은 막막한 불안을 유발합니다. 반드시 통과해야 할 어려운 시험이 코앞일 때, 사장이 해고 통지서를 내밀 때, 사랑하는 사람이 떠났을 때, 우리 뇌는 당황 속에서 앞으로 어떻게 될지 모르는 자신에게 극심한 불안을 느낍니다. 그런 불안의 에너지는 아주 강력합니다. 너무 강력해서 가라앉히거나 없애려면 신경세포 역시 그 정도로 강력한 새로운 조합을 만들어 대항해야 합니다. 그러다 보면 흉터가 생기기도 하는데, 불안이 가라앉고 나면 그 흉터가 거꾸로 신경세포와 호르몬을 훨씬 바람직한 쪽으로 활성화시키기도 합니다. 따라서 잘만 극복하면 스트레스야말로 사람을 더욱 우수한 존재로 이끈다고 휘터는 강조합니다. 라이너 파스빈더 감독의 영화 중 '불안이 영혼을 잠식한다'라는 제목이 있는데, '스트레스는 영혼을 우수하게 발전시킨다'라고 할 수 있는 겁니다.

그래도 지난 여름과 같은 스트레스성 두통은 다시는 겪고 싶지 않습니다. 그날의 스트레스가 남긴 흉터가 '매사에 과욕은 금물'이라는 점을 생생히 실감하게 해준 것으로 제 영혼을 한 단계 발전시켜주었을지라도 그렇습니다.

긴장을 풀려면 마음을 낮춰라

중국집에서 짜장면을 먹다가 어느 순간 짜장면 그릇 안에 내려놓은 단무지가 두세 개나 되는 걸 보고 민망했던 적은 없으신지요?

심리학 실험 중에 그 민망한 단무지의 존재를 설명해줄 수 있는 실험이 있습니다. 몇 사람이 둥글게 둘러앉아 한 사람씩 돌아가면서 자기 이름을 대고 앞 사람들이 했던 말을 되풀이합니다. 자기 차례가 돌아왔을 때 사람들이 가장 잘 기억하는 것은 누구의 말일까요? 아무래도 시간적으로 제일 가까운, 자기 차례 바로 직전에 말한 사람의 이야기가 아닐까요?

하지만 실험 결과는 정반대입니다. 사람들이 가장 잘 기억하는 이야기는 시간적으로 가장 먼, 가장 먼저 들었던 이야기이고, 가장 잘 기억하지 못하는 이야기가 오히려 시간적으로 제일 가까운, 자기 차례 직전에 말한 사람의 이야기입니다. 이 현상을 심리학에서는 '다음 순번 효과(next-in-line-effect)'라고 합니다.

'다음 순번 효과'는 긴장 때문에 생긴다고 합니다. 여러 사람 앞에서 뭔가 이야기를 해야 할 때는 대부분 긴장을 하게 되는데, 그 긴장은 처음엔 약하다가 자기 순서가 가까워 올수록 점점 더 강해집니다. 그러다 자기 순서 직전에는 최고조가 되는데, 그런 상태에서는 뇌가 다른 정보를 받아들이기가 힘듭니다. 그래서 오히려 직전에 들은 말을 기억하지 못하게 된다고 합니다. 누가 초등학교 6학년 때 기억을 물으면 이야기가 술술 나오는데 어제 일을 물으면 갑자기 생각이 안 나는 것도 바로 현대인들이 늘 긴장하며 산다는 증거로 이해할 수 있습니다. (그러나 노인들이 어렸을 때 일은 생생히 기억하면서 이삼일 전 일은 잘 기억 못하는 것에는 또 다른 이론이 적용되기도 합니다. 이 이야기는 뒤에서 다시 하겠습니다.)

긴장이 빚는 증세 중에 '다음 순번 효과' 못지않게 중요한 심리 문제는 '위축감'입니다. 한번은 수영을 배우러 다니던 스포츠 센터의 탈의실에서 나이든 여성 회원들이 큰소리로 불평하는 걸 들었습니다. 이전 강사는 구령 소리가 늘 힘 있고 우렁차서 운동하는 재미가 컸는데 새로 온 강사는 구령 소리가 너무 작고 가늘어서 운동하는 재미가 하나도 없다는 것이었습니다. 더욱이 그런 불만을 첫날 바로 얘기했는데도 고쳐지기는커녕 더 작아져서 더 답답하다는 것이었습니다.

그런데 그분들이 한바탕 불평하고 간 뒤에 비슷한 연배의 다른 회원 몇 분이 그분들을 두고 혀를 찼습니다. 새로 온 강사는 이 일 자체가 처음인 완전 초보 강사라는데 첫날부터 그렇게 기를 잔뜩 죽여놓았으니 위축돼서 더 못하는 게 아니겠느냐, 처음엔 누구나 미숙하고 부족하니 당분간 좀 이해하고 기다려주지 그걸 그렇게 바로 몰아붙이느냐는 것이었습니다. 비슷한 세월을 사셨어도 생각의 기준이나 깊이가 저마다 참 다릅니다.

위축감은 초보자의 것만은 아닙니다. 맬컴 글래드웰(Malcolm Gladwell)의 《그 개는 무엇을 보았는가》에는 1996년에 있었던 마스터즈 골프 대회의 결승전 이야기가 나옵니다. 그렉 노먼과 닉 팔도가 맞선 그 결승전에서 노먼은 최종 라운드까지 닉 팔도를 큰 점수 차이로 앞서고 있었습니다. 하지만 어느 순간 골프채를 놓치는 실수를 범한 뒤 크게 위축돼서 결국 거의 확정적이었던 우승을 놓칩니다. "초보자에게든 베테랑에게든 감정적인 자책과 위축은 그렇게 때로 너무나 어이없는 패배나 실패를 낳기도" 하는 겁니다.

그런 긴장성 위축감을 떨치려면 자신감을 회복하는 것이 중요합니다. 자신이 아주 잘 해냈던 일이라든지 자신의 강점을 확인했던, 혹은 확인받았던 일을 기억하는 식으로 자신감을 키우고 회복해야 합니다. 하지만 정반대의 방법이 효과적일 때도 있습니다. 버트런드 러셀 식으로 "우리들이 하는 일은 우리가 흔히 생각하는 것만큼 그렇게 중요한 것은 아니며, 우리가 성공하느냐 실패하느냐 하는 것 또한 그다지 중요한 일이 아니다."라고 생각하는 겁니다. 스스로를 좀 낮추는 겸손 내지 약간의 자기 폄하의 마음을 갖는 것도 도움이 되는 겁니다.

단무지를 반 베물고 내려놓으려는데 짜장면 그릇 안에 반만 먹고 내려놓은 단무지가 이미 있다면, 심지어 한 개도 아니고 두 개가 넘게 있다면 "내가 왜 이러지? 나이 드는 건가?" 하면서 건망증을 의심하기보다 '최근의 긴장 정도'를 먼저 돌아볼 일입니다.

집착이 무기력증을 부른다

25~200.

어떤 조건이나 기준을 가리키는 범위일까요? 나이라기에는 아무리 장수 시대라지만 200세는 좀 무리일 겁니다. 키를 뜻하는가 싶기도 하지만 신생아들도 평균 키가 50센티미터는 된다니 그것도 아닙니다. 도무지 감을 잡을 수 없는 숫자입니다. 이쯤에서 심리학자 앨버트 엘리스가 힌트를 줍니다. 다음과 같은 증세의 사람들과 연관이 있는 범위라고 합니다.

- 나는 모든 사람들로부터 사랑을 받아야 한다.
- 사람들은 모두 다 내게 친절해야 하고, 내가 원하는 방식으로 행동해야 한다.
- 세상일은 완벽하게 공평하고 전적으로 정의로워야 한다.

- 그런 만큼이나 세상은 질서정연하고 예측 가능해야 한다.
- 나는 성공해야만 한다, 그래야만 다른 사람이 날 인정해줄 것이다.

감이 잡히시는지요? 위의 증세는 우울증, 그 중에서도 특히 무기력증에 빠진 사람들의 증세라고 합니다. 그리고 '25~200'이라는 범위는 무기력증을 깨는 데 들여야 할 노력의 횟수라고 합니다. 최소 25회에서 최대 200회인 겁니다.

얼핏 생각하면 이해가 안 갑니다. 무기력증이란 하고 싶은 일도 할 일도 없다는, 늘 왜 사나 싶을 만큼 매사가 시들하고 시원찮다고 느끼는 증세가 아니던가요? 그런데 위의 증세들은 정반대로 느껴집니다. 모든 사람들로부터 사랑받기를 기대하고, 사람들이 다 내가 원하는 방식으로 행동하기를 바라고, 거기다 성공에 대한 강박관념까지 있으니 오히려 의욕 과잉 증세가 아닐까 싶습니다.

그러나 바로 그런 바람들이 무기력증을 부를 겁니다. 모든 사람들이 나를 사랑해야 하고 세상이 완벽해야 하고 나는 꼭 성공해야 한다는 바람은 애초에 실현 불가능한 바람입니다. 그런데도 그 바람에 집착하니 현재의 삶이 성에 찰 리가 없고 불만이 계속될 수밖에 없습니다. 지속되는 불만이 결국 어떻게 산들 다 소용없다는 무기력함을 부르는 겁니다. 심리학자 마틴 셀리그먼(Martin Seligman)의 표현을 빌리자면 '자기가 뭔가를 통제하거나 관할할 수 없다는 불가능함의 극대화, 아무리 노력해도 상황을 바꿀 수 없다는 불능감'에 의한 무기력증인 겁니다.

무기력증 탈피와 치료에 가장 중요한 것은 먼저 그 '불가능한 느낌'부터 이해하고 받아들이면서 '가능한 것들에서 만족감과 성취감'을 되찾는 것입니다. 그러기 위한 노력은 어떤 것이든 그 강도가 전기 충격만큼이나 강력해야 한다고 합니다. 그러면서 한 가지 일을 할 때 앞에서 말한 범위, '25~200'이란 횟수만큼의 노력을 시도해야 합니다. 너무 심한 강도와 횟수 때문에 무기력에서 탈피하려다가 오히려 과로사할 수도 있겠다 싶지만, 무기력한 사람은 무기력 때문에 쓰러질지언정 다른 요인으로는 절대로 쓰러지지 않는다니 걱정할 일은 아닙니다.

25~200회. 헬스클럽으로 치자면 주말을 빼고 최소 한 달에서 최대 7개월 정도 꾸준히 다녀야 하는 횟수입니다. 절대 쉬운 횟수가 아니겠지만, 사는 것처럼 살려면 뭐든 쉬운 일이 없을 겁니다.

조급함은 약자의 표지

한국인들은 대체로 성격이 급하다고 하는데, 저도 예외가 아닙니다. 그래서 어떤 일이 원하는 대로 빨리 진척이 안 되거나 성취가 안 되면 쉽게 초조해하고 안절부절못합니다. 그러면서도 그런 조급함쯤이야 마음만 먹으면 언제고 조절이 가능하다고 생각했습니다. 그러던 어느 날, 까마득히 오래전에 읽었던 루이제 린저(Luise Rinser)의 《고독한 당신을 위하여》를 다시 뒤적거리다 이런 구절을 발견하고 뜨끔했습니다. "조급함은 명예욕의 한 형태이다. 무엇인가를 잃게 되지 않을까 하는 불안에서 자연스럽게 일이 될 때까지 기다리지 못하고 성공을 위해 광포하게 서둘러대는. 그러니 조급함이란 약자의 표지이며 불안의 표지이다. 강한 자만이 인내를 가질 수 있다."

위대한 작가의 표현과 묘사는 세월에 상관없이 얼마나 새롭고 설득력 있는지요. 조급함에서 오는 초조와 안달의 어리석음을 지적하는 숱한 글들에 의례적이고 상투적인 동의 이상을 하지 못하던 마음이 이 묘사와 표현 앞에서는 바로 얼굴을 붉혔습니다. 성급함 속에 몰래 감추고 있던 속된 명예욕과 성공을 향한 거친 초조함, 그 안의 텅 빈 허황함을 제대로 들켰다는 부끄러움을 느낀 겁니다. 더구나 인내가 가진 능력이 하나도 없는 약자에게나 유용한 무지한 버팀의 덕목이 아니라 강한 자만이 가질 수 있는 능력이라니. 그래서 내겐 인내심도 없었구나, 하고 정곡을 찔린 듯 가슴에 통증이 일었습니다.

그나마 위안이 되는 것은 조급함이 저 혼자만의, 또는 한국인만의 특질이 아닌 현대인 모두의 특질이라는 점입니다. 주의력 결핍 장애 전문가인 의학자 에드워드 할로웰(Edward Hallowell)은 《창조적 단절》의 첫 페이지에 다음과 같은 자기 점검 질문을 실었습니다.

- 대화 중에도 문자를 주고받다가 핀잔을 듣곤 한다.
- 컴퓨터 프로그램 창을 평균 5개 이상 열어놓는다.
- 책상 위에 늘 서류가 쌓여 있다.
- 사람들이 다 내리기 전에 지하철에 올라탄다.
- 사탕을 끝까지 녹여 먹지 못한다.
- 자판기에서 커피가 다 나오기 전에 꺼내다 흘린 적이 있다.
- 오늘 바쁘긴 했는데 뭘 했는지 모르겠다는 말을 입에 달고 다닌다.

질문 뒤에 할로웰은 강조합니다. 컴퓨터 프로그램 창을 5개 이상 열어놓고 자판기에서 커피를 빨리 꺼내려다 흘리는 조급함은, 현대인의 삶을 그만큼 빠르고 눈부시게 발전시키는 것이 아니라 오히려 더 무기력하고 무능력하게 만든다고 강조합니다. 행복하고도 성공적인 삶을 살려면 과잉 정보나 멀티태스킹에 대한 집착이나 유혹을 과감히 떨칠 줄 알아야 한다는 것입니다.

개인적인 조급함에다 가만히 있어도 갖게 되는 한국인으로서의 조급함, 거기에다 현대인의 조급함까지. 저 같은 사람은 세 배를 더 조급해하며 사는 셈일까요. '우두커니'라는 단어를 참 좋아해서 시에 자주 쓰기도 했는데, 남보다 세 배나 큰 조급함에 대한 본능적인 자기 경고가 아니었을까 싶기도 합니다. '광포하게 서둘러대지 않는' 강하면서도 담담한 시간을 스스로에게 약속해봅니다.

부끄러움의 장점

　동남아 여행을 갔을 때 만난 베테랑 한국인 가이드가 들려준 이야기입니다. 가이드들이 공항에서 여행객들을 맞이할 때, 여행객의 출신 나라별로 가이드를 대하는 행동에 차이가 있다고 합니다. 이를테면 일본인 관광객들은 가이드를 확인하면 그저 조용히 목례를 하거나 가만히 다가와서 나직한 말투로 인사를 건넵니다. 중국인 관광객들은 인사를 하는 것인지 고함을 치는 것인지 모를 만큼 큰 소리로 공항이 떠나갈 듯이 인사합니다. 한편 한국인 관광객들은, 가이드를 보는 순간 인사와 동시에 거의 예외 없이 위아래로 재빨리 가이드를 훑어본다고 합니다.
　심리학에서는 사람을 위아래로 훑어보는 시선을 '에스컬레이팅 아이(escalating eye)'라고 부릅니다. 에스컬레이팅 아이에는 상대방을 외형을 통해 단시간에 최대한 빨리 파악하고 규정하려는 의도가 담겨 있습니다. 참으로 표피적이고 단편적인 태도가 아닐 수 없습니다. 상대방에게 불쾌감을 주기도 쉽고, 본인이 상대방에 대한 잘못된 선입견이나 편견을 갖기도 쉬운 무례한 시선입니다.

하지만 한편으로 타인에 대한 관심을 정으로 생각해 온 우리나라 사람들로서는 그런 무례도 오히려 일종의 정이고 관심일 수 있습니다. 상대방을 얼른 파악해서 낯선 사람과의 동질성이나 친밀감을 재빨리 발견하거나 끌어내려는 마음이기도 한 겁니다. 실제로 어떤 심리 실험에 따르면 사람들은 공중전화 앞에서 급하게 동전을 빌릴 때 대개 자신과 생활환경이 비슷할 것 같은 사람에게 먼저 다가간다고 합니다. 비슷함이 심리적으로 신뢰와 편안함을 주기 때문입니다. 그런 점에서는 에스컬레이팅 아이가 무조건 나쁜 의도를 지닌 시선이라고만은 할 수 없습니다. 그렇긴 해도 에스컬레이팅 아이는 가급적 삼가야 할, 특히 여성을 볼 때는 더욱 조심해야 할 시선입니다.

노골적으로 타인을 훑어보는 시선과는 모순되게 우리나라 사람들은 부끄러움도 잘 타는 편입니다. 부끄러움 때문에 어디 가서 말 한마디 제대로 못하고 쭈뼛대는 일, 예전 세대보다는 훨씬 덜해졌지만 요즘 젊은이들에게도 여전히 흔합니다.

심리학자 버나도 카두치(Bernardo Carducci)는 부끄러움을 "다른 사람 앞에 있을 때 생기는 심리적인 불편함이나 행동의 제약"으로 규정합니다. 대개는 "침묵과 함께 얼굴 붉히기와 말 더듬기" 증세도 동반합니다. 적당한 부끄러움은 충분히 이해할 수 있을뿐더러 매력적일 수도 있지만, 지나치면 "타인에 대한 심한 경멸이나 비난, 오만 등의 방식으로 바깥으로 잘못 발산되는 이상 증세"로 발전하기도 합니다. 타인에 대한 경멸감이 큰 사람들이 알고 보면 내면의 부끄러움이 유난히 큰 사람들일 수 있는 겁니다.

하지만 부끄러움에도 장점이 있습니다. 영국의 사회진화심리학자 폴 길버트(Paul Gilbert)는 부끄러움이 오히려 그 사람을 사회에 더 잘 적응하게 도와주기도 한다고 합니다. 알맞은 부끄러움이야말로 "주어진 상황에 대한 정보의 실마리를 더 빨리 찾게 하고 그로써 자신의 능력과 가능성을 더 빨리 바꾸게 한다."는 겁니다. 《부끄러움 코드》를 쓴 심리학자 신화연 역시 알맞은 부끄러움의 소유자일수록 남의 기분을 상하게 했을 때 "더 빨리 사과할 줄 알며, 남이 불편해 할 일은 미리 자제하는 등 사회생활을 보다 잘 해나갈 수 있는 잘 발달된 사회적 근육을 갖고 있다."고 강조합니다. 정도가 문제지 부끄러움 역시 나름대로 좋은 특질을 지닌 감정인 것입니다.

그래서 그럴까요? 부끄러움이 유난해서 참 많은 것을 제대로 못했던 시절이 굉장히 후회스럽기도 하지만, 때로는 오히려 그 모습이 순수했던 듯해서 그립기도 합니다.

팬과 스토커의 차이

'편집증'은 어떤 상대나 대상에 정도 이상으로 심하게 집착하는 증세를 가리킵니다. 사랑에 빠졌을 때 누구에게나 어느 만큼씩은 나타나는 당연한 증세입니다. 사실 사랑에 집착의 마음이 전혀 없다면 그게 오히려 문제일 수 있습니다. 그렇기 때문에 다른 많은 심리 장애처럼 편집증 또한 어디까지가 정상이고 어디서부터가 병인지를 정확히 구분하기가 힘듭니다. 그래서 최근 심리학계에서는 지극히 비정상적이고 병적인 집착을 가리킬 때는 편집증이란 용어 대신 '망상 장애'라는 별도의 의학 전문 용어를 쓴다고 합니다.

방송국에서 일을 하다 보면 망상 장애를 가진 이들을 꽤 자주 보게 됩니다. 연예인에 대한 애정이 팬으로서의 동경과 열광을 넘어 스토커 수준까지 가는 겁니다. 얼마 전에도 한 20대 여성이 한 연예인이 진행하는 라디오 프로그램을 들으면서 내내 그에게 정도를 넘어서는 애정을 호소하다가, 마침내 그가 방송 중에 자신에게 프러포즈를 했다며 결혼을 해야 한다고 방송국에 찾아온 일이 있었습니다. 병적인 집착 때문에 현실 감각까지 상실하고 착각과 환상의 세계에 빠진 겁니다.

윌리엄 마이스너(William Meissner)는 《편집증과 심리 치료》에서 집착이 병적인 수준의 망상 장애로 심해지는 것을 예방하려면 무엇보다 다음의 세 가지를 경계해야 한다고 합니다. 첫째, 타인을 지나치게 비난하는 태도입니다. 보통 우울증에 걸린 사람들은 자신의 불행을 두고 '자기 자신'을 비난하고 자학하는 반면, 편집증 증세를 보이는 사람들은 늘 '타인'을 강도 높게 비난합니다. 자신의 행동이나 느낌과 신념만이 옳다고 믿기 때문에 거기에 어긋나는 것은 무조건 비난과 비판의 대상으로 삼는 겁니다. 둘째, 의심입니다. 의심이 심해지면 주위의 모든 사실이나 정보를 자신의 의심을 정당화하는 일에 사용하고자 주저 없이 이리저리 짜깁기하고 편집하기도 합니다. 그러면서 누군가가 자신의 의심과는 다른 사실을 말해주거나 검증해 주려고 하면 상대가 자신을 공격한다고 여겨 심하게 저항합니다. 세 번째는 과대망상입니다. 자신보다 상대방을 더 높이 평가하면서 상대방에게 심하게 매달리는 것이 편집증 같지만, 실은 모든 일에서 언제나 자신이 중심이어야 하고 자신이 가장 큰 사랑을 받아야 하고 자신이 가장 주목받아야 한다는 생각에 집착하는 이들에게 편집증이 많다고 합니다. 자신의 생각만이 중요하니까 상대방이나 주위 사람들이 어떻게 생각하는지, 어떻게 반응하는지에 전혀 개의치 않고 무조건 자신의 감정과 생각만을 따르는 겁니다.

   자신과 상대의 일상을 파괴하는 수준의 집착을 예방하기 위해 늘 마음속의 타인에 대한 비난, 의심, 과대망상의 수치 그래프에도 마음을 써야 할 일입니다. 마음이란 것, 어떻게 보면 참 다스려야 할 게 많은 종합 훈련소이기도 합니다.

왜 화가 나면 쇼핑을 할까?

언젠가 한 모임에서 쇼핑 습관이 화제에 오른 적이 있습니다. 고작 대여섯 명이었는데도 쇼핑 형태나 습관이 참으로 제각각이었습니다. 이를테면 옷을 살 때 누군가는 자주 사지 않는 대신 한 벌 살 때 고가의 옷을 사는가 하면 늘 싼 옷을 자주 여러 벌 사는 사람도 있고, 양말 하나조차도 수없이 망설이다가 사는 사람이 있는가 하면 충동 구매의 여왕인 사람도 있었습니다.

그러나 그날의 압권은 한 나이든 독신 최고 경영자 여성의 쇼핑 습관이었습니다. 그분은 늘 일과 시간에 쫓기다 보니 지방이든 외국이든 출장길에 필요한 게 눈에 보이면 무엇이 됐든 즉시 무조건 산다고 합니다. 그러다 보니 부산 출장 갔다가 세탁비누를 사고 강릉 휴가지의 슈퍼마켓에서 집에서 먹을 쌀을 구입한 일도 있다고 합니다. 그러다가 몇 년 전에는 급기야 제주도의 출장지에서 '당장 바꿔야겠다고 생각하던 물건'을 대신할 새 제품이 눈에 들어왔습니다. 그 물건, 자그마치 침대였습니다. 특별히 마음에 들었거나 제주도에서만 구할 수 있는 재료를 쓴 것도 아니었습니다. 가구점 측에서조차 배달료가 비싸니 서울 가서 사시라고 권할 정도였습니다. 그런데도 그 자리에서 곧장 샀다고 합니다. 모두가 놀란 입을 다물지 못했죠. 하지만 생각해보면 오히려 그분의 상황에서는 가장 경제적이고도 현명한 쇼핑 형태이자 습관일 듯도 합니다.

네덜란드의 진화심리학자인 헹크 아르츠(Henk Aarts) 교수의 실험에 따르면 쇼핑은 사실 현명하다거나 어리석다는 분별이 필요 없는, 애초부터 무분별할 수밖에 없는 행위입니다. 아르츠 교수의 실험은 참가자들에게 컴퓨터 모니터로 값비싼 가방에서부터 값싼 머그잔이나 펜 같은 물건들을 골고루 보여주는 것으로 시작됐습니다. 물건들 뒤쪽으로는 화난 표정의 얼굴, 두려워하는 표정의 얼굴, 무표정한 얼굴 사진이 연속해서 지나갑니다. 참가자들은 모니터를 보다가 갖고 싶은 물건이 나오면 버튼을 누르기만 하면 됩니다. 단, 버튼을 강하게 누를수록 물건을 가질 확률도 그만큼 높아집니다.

그 결과 사람들이 버튼을 가장 세게 누른 순간은 어떤 특정한 물건이 지나갈 때가 아니라 뒤쪽으로 화난 표정의 얼굴 사진이 지나갈 때로 나타났습니다. 어떤 특정 물건에 대한 소유욕은 물건 자체보다도 당시의 심리 상태에 더 많이 좌우도 되는 겁니다.

아브츠 교수는 그 원인을 진화의 측면으로 설명합니다. 먹을 수 있는 음식이 제한적이던 원시 시대의 경우, 음식을 더 많이 얻을 수 있었던 원시인은 공격적인 표정이거나 분노의 표정을 거리낌 없이 내보일 수 있는 능력을 가진 사람이었는데, 그 점이 뇌에 각인된 채 현대인에게까지 전해졌다는 겁니다. 따라서 어떤 물건에 대한 소유욕은 곧 분노의 능력을 보여주는 것일 뿐이며, 그래서 부부 싸움을 하고 나면 쇼핑을 가서 충동 구매를 하는 아내들이 많은 거라고도 합니다.

흔히 배고픈 상태에서 쇼핑을 하면 충동 구매를 하기 쉽다고 하는데, 허기보다 분노 상태를 더 조심해야겠습니다. 특히 아르츠 교수의 연구 결과를 거꾸로 활용해서 쇼핑에 지나치게 많은 시간과 경비를 들인다 싶을 때는 자신의 재정 상태가 아니라 마음 속 분노 상태를 점검해보는 것도 도움이 되겠습니다. 화란 내지 않으면 이익 볼 수 있는 것이 참 많은 감정인 셈입니다.

하고 싶지 않은 일부터 먼저 하라

혹시 '미룸'과 '게으름'의 차이를 아시는지요? 미룸은 말 그대로 당장 하지 않겠다고 미루는 것이고, 게으름은 어떻게든 지금 안 하고 회피하려고 빈둥대는 것일까요? 그게 그것인 것 같기도 하고, 게으름이 좀 더 큰 범위의 미룸 같기도 합니다. 하지만 우리 일상에서 가장 흔하게 나타나는 습관이면서 게으름보다 훨씬 더 적극적인 회피의 게으름이야말로 '미룸'이라고 합니다.

윌리엄 너스(William J. Knaus)는 미루는 심리 습관을 30년 넘게 연구해 온 미룸 심리학의 대가입니다. 너스는 사람들이 '미루기 심리' 때문에 일상적으로 "채 지불하지 못한 청구서들, 어지럽혀진 옷장, 세금 체납 고지서, 지각, 유효기간이 지난 자동차 검사증" 등에 얼마나 자주 둘러싸이는지, 그런 미루기가 어떤 심리에서 비롯되는지를 설명해줍니다.

그건 바로 "괜찮아, 나중에 하면 돼."라는 '내일에 대한 환상'에서 비롯된다고 합니다. 꼭 할 수 있으리라는 착각, 내일 하면 더 잘할 것 같은 환상 때문이라는 겁니다. 그러나 자주 경험하다시피 그런 '환상적인 내일'에 우리를 기다리는 것은 단지 "연체료나 벌금, 연장 신청을 위한 애원, 면접 탈락이나 상사의 질책" 같은 고통뿐입니다. 그런데도 우리는 "자신이 두려워하는 것이나 실행하기 불편한 것, 확실치 않다고 여기는 것을 피하기 위해 자신의 활동 에너지와 노력을 잘못된 방향으로 설정하는, 게으름보다 훨씬 더 적극적인 미룸"의 방법을 수시로 쓰고 맙니다.

그런 미루기 습관에서는 어떻게 벗어나야 할까요? 너스는 조언합니다. 새로울 게 없는, 누구나 이미 다 알고 있을 방법이지만 그래도 다시 한 번 마음에 단단히 새겨둘 만한 그 방법은 바로 "지금 당장 눈앞에 놓인 일들을 수행하는 것이 유쾌하고 즐겁지는 않아도, 일단 그것을 미루지 않고 실행했을 때의 혜택이 얼마나 큰지, 그 혜택의 편안함과 즐거움이 오히려 얼마나 큰지를 자꾸 기억하는 것"입니다.

정신과 전문의이자 여러 권의 스테디셀러 저자이기도 한 M. 스캇 펙(M. Scott Peck)의 조언도 같습니다. "즐겁지 않은 일 먼저 하기가 인생에서 자신이 원하는 최고의 것을 성취할 수 있는 가장 확실한 방법"이라는 겁니다.

제가 원고를 맡아 쓰는 라디오 프로그램은 매일 방송되는 생방송 음악 프로그램입니다. 아무리 늦어도 방송 시간 전까지는 매일 무슨 일이 있어도 원고를 넘겨야 합니다.(실제로는 방송 하루 전에 미리 다음 날 원고를 넘기게 되어 있습니다.) 그러나 어쨌든 프리랜서로 하는 일이니 어느 정도 시간을 미루는 게 가능합니다. 그래서 몇 년 전까지만 해도 그날그날의 컨디션이나 다른 일정에 따라서 하루 중 아무 때나 들쭉날쭉 원고를 썼습니다. 하지만 이제는 샐러리맨이 아침에 출근하듯 도서관에 가서 거의 매일 오후 3~4시까지 규칙적으로 원고를 씁니다. 규칙적인 생활을 하기 힘들어 꽤 괜찮았던 직장까지 그만두고 프리랜서를 선택했건만 결국 '규칙적인 생활이 가장 자유롭게 살 수 있는 생활', '가장 멀리 미루고 싶은 일을 제일 먼저 해치우는 게 가장 길게 한가해지는 길'이란 사실을 깨달은 겁니다.

물론 그러다가 정 답답하면 일 주일치 원고를 미리 몰아서 써놓고 여행을 떠나기도 합니다. 몰아 쓰는 게 힘들긴 하지만, 미룸이 아닌 앞당김에는 역시 시간이 나를 쓰는 게 아니라 내가 시간을 조절하는 듯한 기쁨이 더 큽니다.

사소한 성취를 소중히 하라

한 심리학자가 사람들이 느끼는 인생에 대한 만족도를 두 가지 방식으로 조사했습니다. 하나는 참가자들이 모이자마자 바로 설문 조사를 실시하는 방식이었고, 다른 하나는 설문 조사 직전에 먼저 복사기에 숨겨둔 100원짜리 동전을 찾게 한 다음 설문 조사를 하는 방식이었습니다. 조사가 끝난 뒤 결과를 분석해보니 바로 설문을 실시했을 때보다 복사기에서 100원짜리 동전을 찾게 한 다음 설문을 했을 때 인생에 대한 만족도가 훨씬 높은 것으로 나타났습니다. 하찮은 동전이지만 뭔가를 찾고 얻었다는 성취감과 만족감이 삶 전체에 대한 만족으로까지 확장된 것입니다.

노베르트 슈바르츠(Nobert Schwarz) 연구팀은 날씨로 비슷한 실험을 했습니다. 인생에 대한 전체적인 만족도 조사를 두 번 실시하면서 한 번은 날씨에 대한 아무런 언급 없이, 한 번은 날씨에 대한 언급부터 하고 설문 조사를 한 겁니다. 날씨에 대한 언급이 없었던 경우에는 날씨가 화창한 날의 만족도가 높았습니다. 하지만 언급이 있었던 경우에는 날씨가 기분에 영향을 끼칠 수 있다는 것을 감안하면서 만족도를 적절히 조정하여 답하는 것으로 나타났습니다. 앞의 동전 실험처럼 그날의 날씨 같은 사소한 것이 자신도 모르는 사이에 인생에 대한 만족, 불만족을 얼마나 크게 좌우하는지를 보여주는 실험 결과입니다.

《행복의 심리학》의 저자 대니얼 네틀은 위의 실험 결과를 응용해 심각한 심리적인 정체감이나 좌절감을 극복할 수도 있다고 조언합니다. 이를테면 내 인생에는 왜 이렇게 되는 일이 없나 싶어 속상하고 힘들 때, 그 정체감이나 좌절감을 "이건 내 인생 전체에 되는 일이 없는 게 아니라 그저 동전 하나 정도에 해당되는 어떤 특정한 일이 요즘 잘 안 풀렸을 뿐이다. 아주 사소한 일에 문제가 있는 것뿐이다."라고 생각을 바꿈으로써 정체감이나 좌절감에서 쉽게 빠져나올 수 있다는 겁니다. 나의 전체가 잘못됐거나 부족하고 무능한 게 아니라, 동전 크기만큼 작은 어떤 한 가지 일이나 생각이 잘못됐다고 생각하며 문제를 대폭 축소함으로써 전체를 위협하는 부정적인 감정으로부터 자신을 훨씬 잘 지켜낼 수 있다는 겁니다. 사소한 문제인 만큼 그것을 개선하려는 노력이나 효과도 훨씬 쉬울 테고, 그럼으로

써 새로운 의욕과 자신감도 훨씬 빨리 회복되거나 새롭게 형성할 수 있습니다. 복사기에 숨겨둔 100원짜리 동전이나 오늘의 날씨 같은 아주 사소한 것들을 지렛대 삼아, 큰 슬럼프나 좌절감에 빠질 뻔한 인생을 역으로 오히려 크게 상승시킬 수도 있는 겁니다.

수 앨런이란 미국의 평범한 여성이야말로 그 대표적인 사례입니다. 그녀가 어떤 사람인지 알려면 우선 제니 조지프(Jenny Joseph)라는 영국 여성 시인의 시 〈놀라지 마세요〉부터 읽어야 합니다. 존 브록만(John Brockman)이 엮은 《위험한 생각들》에 소개된 그 시의 일부를 옮겨보겠습니다.

나이가 들면 저는 자주색 옷을 입을 겁니다.
거기다 어울리지도 맞지도 않는 빨간 모자를 쓸 거예요.
연금은 브랜디와 여름장갑과 공단 샌들을 사는 데 다 써버리고
버터 살 돈은 없다고 할 겁니다. 길 가다 지치면 인도에 주저앉을 거예요.
가게의 시식 음식도 집어먹고 경보 벨도 눌러보고
난간 같은 것을 지팡이로 드르륵 긁어보기도 하면서
젊었을 때 조신하게 산 것을 벌충해야겠어요.

나이가 들면 누구의 눈치도 보지 않고 살고 싶은 대로, 마음 내키는 대로 멋대로 살면서 조신하게만 살았던 억울한 젊은 날을 벌충할 테니 놀라지 말라는 시입니다. 1990년대 말, 애리조나에 살던 평범한 중년 여성이었던 수 엘런은 자신이 무가치하고 불필요한 존재라는 심한 자기 비하에 시달리던 중이었습니다. 그러다 이 시를 보고 큰 감동을 받았습니다. 엘런은 즉시 할인점에 가서 시에 나오는 것 같은 빨간 모자를 몇 개 산 뒤 친구들에게 선물하고 어느 날 다 함께 빨간 모자와 자주색 옷을 입고 찻집에 모였습니다. 그날 한 번만이 아니라 그 후로도 매번 그런 옷차림으로 모였습니다.

그러자 소문이 나면서 사람들이 관심을 갖기 시작했고 동조하는 여성들도 늘기 시작했습니다. 급기야 엘런의 빨간 모자는 불과 7년 만에 전 세계에 85만 명의 회원을 가진 국제적인 여성 단체 '빨간 모자 클럽'을 탄생시켰습니다. '빨간 모자'라는 사소한 지렛대 하나로 자기 자신을 심한 자기 비하에서 구출해낸 것은 물론, 그야말로 지구 전체를 들어 올리는 엄청난 변화까지 이뤄낸 겁니다. '동전'이나 '모자' 정도의 사소한 존재가 언제고 나의 심리적 문제 아래로 밀어 넣을 수 있는 지렛대가 될 수도 있다는 것을 꼭 언제나 지갑 속에 들어 있는 동전들처럼 내 기억 속에 새겨 두지 않을 수 없습니다.

그러나 사소한 것에 집착하지 말라

현대 심리학에는 사소함의 위대함을 역설해주는 빼놓을 수 없는 중요한 법칙이 또 하나 있습니다. 범죄심리학자 제임스 윌슨(James Wilson)과 조지 켈링(George Kelling)이 연구한 '깨진 유리창 법칙'입니다. 건물의 깨진 유리창 하나를 그대로 방치해 두면 사람들이 관리를 포기한 건물로 생각해서 괜히 돌을 던진다거나 범죄 장소로 활용하는 등, 깨진 유리창 한 장 이상의 훨씬 크고 심각한 문제를 유발한다는 이론입니다. 그렇기 때문에 깨진 것이 유리창 한 장 정도일 때, 즉 잘못이나 실수나 위험이 지극히 사소한 상태일 때 얼른 바로잡고 고쳐야 한다는, '사소한 방치의 크고도 빠른 전파력'을 경고하는 법칙입니다. 이 법칙을 토대로 뉴욕 경찰이 지하철의 지저분한 낙서 지우기를 시도해서 그해 범죄율을 크게 줄인 일은 널리 알려진 일화입니다.

하지만 심리적으로 사소함에 너무 집착하는 것은 역시 역효과가 클 때도 많습니다. 안톤 체호프(Anton Chekhov)의 소설 중에 〈관리의 죽음〉이라는 아주 짧은 장편(掌篇)소설이 있습니다. 주인공인 회계원 이반 체르뱌코프는 어느 멋진 저녁에 그만큼이나 멋진 차림으로 오페라글라스를 쓰고 오페라 공연을 관람 중입니다. 그런데 갑자기 터져 나온 재채기에 그만 앞자리에 앉은 장군에게 침을 튀기고 맙니다. 장군은 같은 회사의 옆 부서에 근무하는 상관입니다. 체르뱌코프는 즉시 사과합니다. 하지만 사과가 미진했을지도 모른다는 불안감에 휴식 시간에 찾아가 다시 사과를 합니다. 그러나 집에 돌아와서도 너무나 큰 실수를 저질렀다는 생각에 마음이 편치가 않습니다. 체르뱌코프는 다음 날 관복을 말끔히 차려입고 또 다시 장군의 사무실로 찾아갑니다. 장군은 마침내 화를 냅니다. "날 놀리자는 겁니까, 뭡니까!" 체르뱌코프는 집에 돌아와서 편지로 다시 사과와 해명을 하려다가 결국 또 장군을 찾아갑니다. 극도로 화가 난 장군은 그에게 당장 사라지라고 호통을 칩니다. 힘없이 집으로 돌아와 관복도 벗지 못한 채 소파에 누운 체르뱌코프는 그 길로 숨을 거둡니다.

참으로 슬프고 안타까운 내용인데 읽는 동안 미안하게도 웃음을 참을 수가 없었습니다. 체호프가 '체혼테'라는 가명으로 쉴 새 없이 유머가 담긴 콩트며 소설을 써내던 의학도 시절의 작품이니, 애초에 웃어도 좋을 소설이긴 할 겁니다. 어쨌든 소설 속 이야기라지만 사소한 일에 지나치게 얽매이는 소심함은 얼마나 우스꽝스러우면서도 위험한지요.

심리에서 사소함은 위대하기도 하지만 위험하기도 하다는 것, 사소함과의 힘겨루기도 참으로 만만치 않은 중요하고도 어려운 인생 과제 중의 하나라는 것 역시 명심해야겠습니다.

좋든 나쁘든 기분은 나의 것

〈철목련〉이라는 오래된 영화가 있습니다. 줄리아 로버츠가 불치병에 걸린 딸로, 셜리 템플이 그녀의 엄마로 나오는 영화입니다. 젊디젊은 나이에 곧 세상을 떠나야 하는 딸과 그런 딸을 지켜볼 수밖에 없는 엄마의 애끓는 사랑이 참으로 가슴 아프고 슬프지만, 한편으로 엄마가 운영하는 미용실에 모이는 이웃 부인네들의 남다른 유머 감각이 사람을 울다가 웃게도 만드는 내용입니다.

그런데 친자매같이 가까운 그 이웃 부인네들 중에 성미가 남달리 고약한 할머니가 한 명 있습니다. 늘 멋진 옷차림으로 귀부인 행세를 하지만 매순간이 잘난 척 아니면 신경질과 트집 잡기, 화내기의 반복입니다. 결국 어느 날 참다못한 다른 할머니가 충고를 합니다. 그러지 말고 정신과에 가서 상담 좀 받아보라고요. 그러자 그 고약한 할머니는 즉시 대답합니다.

"내가 왜 정신과엘 가? 난 미치지 않았어. 난 단지 40여 년 동안 기분이 좀 안 좋을 뿐이야."

40여 년 동안 기분이 안 좋았다니. 본인은 물론이고 주위 사람들이 얼마나 피곤했을까요. 그런데도 정작 그쯤은 별일도 아니라는 듯 "단지 기분이 안 좋았다"고 말하는 겁니다.

심리학에서는 그동안 '기분'이라는 주제를 다루는 것을 별로 기분 좋아하지 않아서 연구 대상에서 오래도록 제외한 채 방치해 왔습니다. 그러다 1990년대에 기분 연구의 권위자인 로버트 테이어의 등장으로 심리학도 '기분'에 주목을 하기 시작합니다.

로버트 테이어가 기분에 대해 쓴 책《The Origin of Everyday Moods(기분의 기원)》는 아직 한국에 번역되지 않았습니다. 심리학 열풍으로 어지간한 심리서는 다 번역 출판되는 듯한데, 'Managing Energy, Tension, and Stress(활력, 긴장, 스트레스 다스리기)'라는 현대인, 특히 한국인에게 가장 유용할 부제까지 붙은 기분에 관한 심리서가 아직 번역되지 않은 것을 보면 기분의 중요성에 대한 인식이 우리에게도 아직 부족한 게 아닐까 싶습니다.

비록 번역되지는 않았지만 이 책은 톰 버틀러 보던(Tom Butler-Bowdon)의 《내 인생의 탐나는 심리학 50》에 심리학 분야의 고전 명저 50권 중 하나로 소개되어 있습니다. 소개글에 따르면 테이어는 우선 감정과 기분을 서로 다른 심리로 규정합니다. 감정이 뇌에서 일어나는 것인 반면 기분은 마음과 몸이 서로 복잡한 방식으로 상호작용하는 과정의 결과로 형성되는 것이며, 감정에는 늘 확실한 원인이 있는 데 반해 기분은 그렇지 않은 경우가 많다고 합니다. 그리고 기분은 긴장한 정도의 높고 낮음에 영향을 받는다고도 합니다. 이를테면 "우울한 기분은 낮은 에너지와 절망적 느낌을 수반하는 높은 긴장에서 비롯되며, 좋은 기분은 높은 에너지와 열정적인 느낌을 수반하는 낮은 긴장에서 비롯"됩니다. 그런 기분이야말로 "모든 것의 의미를 확장하며 인생의 즐거움을 강화하거나 줄이는, 돈이나 상황이나 인간관계보다 훨씬 중요한, 인간이라는 존재의 핵심을 차지하는 것"이라는 게 테이어의 결론입니다.

기분은 순전히 자기만의 소유물이라서 자기 마음 내키는 대로 갖거나 버려도 된다고 믿기 쉽습니다. 그러면서도 결정적인 이유나 책임은 늘 외부에 있다고 미루기도 쉽습니다. 그래서 여차하면 바깥을 향해 공격적인 태도를 취하는 것을 당연하게 느끼도록 하기도 하고, 때로 지나치게 방어적이 되게도 하는 것이 바로 기분입니다. 합리적인 근거도, 맥락도 없으니 관리하기가 막막하고 까다로운 심리 상태인 겁니다. 한마디로 기분은 무소불위의 권력자입니다. 따라서 늘 잘 제어하고 감시하지 않으면 상처와 피를 부르기 쉽습니다.

어느 정도 기분이 좋았다가 나빴다가 하며 오르락내리락하는 것은 감정을 가진 인간으로서 당연합니다. 하지만 〈철목련〉 속 할머니의 40분의 1 정도인 1년이라도 '기분이 너무 좋지 않은 상태'가 내내 계속된다면, 분명 자신이든 세상이든 둘 중의 하나에 잘못이 있는 것이니 어떤 식으로든 개선에 나서는 게 당연합니다. 요즘 기분이 주로 어떠신지요.

몽테뉴와 파스칼의 신념

네이버 백과사전에서는 '신념'의 뜻을 '어떤 사상이나 명제, 언설 등을 적절한 것으로서, 또는 진실한 것으로서 승인하고 수용하는 심적 태도'라고 설명합니다. 더불어 미국의 심리학자 밀턴 로키치(Milton Rokeach)가 분류한 다섯 가지 종류의 신념을 소개합니다. ① 100퍼센트의 사회적 일치로 지지하는 근원적 신념, ② 개인적 경험에 깊이 뿌리박고 있는 신념, ③ 저마다의 권위에 대한 신념, ④ 동일시되는 권위에서 나오는 신념, ⑤ 다소간 개인적 취미에 바탕을 두어 다른 신념과의 관련이 희박한 개별적 신념의 다섯 가지입니다.

언론인이자 시인인 고명섭의 《즐거운 지식》은 187권의 책을 다룬 방대한 서평집입니다. 그중에는 철학자 몽테뉴와 파스칼의 신념 차이를 다룬 불문학자 이환의 책 《몽테뉴와 파스칼》에 대한 서평도 있습니다. 원전을 읽고 난 후 서평을 읽는 즐거움도 크고, 서평을 읽고

난 후 본격적으로 원전을 읽는 즐거움을 주기도 하는 서평입니다. 거기에 요약된 내용을 빌리자면 두 철학자를 가른 최대의 차이는 신에 대한 신념의 차이였습니다. 몽테뉴는 인간은 신이라는 존재에 대한 맹목적인 믿음에서 벗어나 삶의 유한성을 인정하고 받아들이며 살아야 한다고 확신한 인본주의자였습니다. 그에 반해 파스칼은 인간은 한없이 미약하고 불안하며 유한한 존재이기 때문에 신에 의지함으로써 비로소 참된 행복을 누릴 수 있다고 확신한 신앙주의자였습니다. 시기적으로 뒤에 살았던 파스칼은 그런 신념의 차이 때문에 몽테뉴의 위대함을 인정하면서도 한편으로 《팡세》 등 자신의 글 곳곳에서 몽테뉴를 비판하기도 했습니다. 깊은 성찰과 사색이 삶의 기둥을 이루는 위대한 철학자들도 스스로 옳다고 믿는 신념으로부터 결코 자유롭지 않은 겁니다.

그러니 신의 존재에 대해서든 무엇에 대해서든, 한 사람의 신념이 타인에게는 지독히 일방적이고 이기적인 편견이나 고정관념, 고집이 될 수도 있습니다. 불화와 반목을 부를 수도 있는 겁니다. 그래서 심리학자 이훈구는 '평생 변치 않는 신념'을 가진다는 건 오히려 위험한 일이라고 경고합니다. 신념이야말로 오히려 자주 재점검하면서 돌아보고 수정할 수도 있어야 한다고 합니다.

물론 신념이 늘 그렇게 부정적인 면모만을 지니는 것은 아닙니다.

심리학자 캐럴 드웩(Carol Dweck)의 연구 결과에 따르면, 학업이나 직업에서 좋은 성취를 거두는 데 필요한 것은 그 사람이 지닌 인지 능력이 아니라 학습이나 지능에 대한 신념이라고 합니다. 학습을 통해 자신이 발전하고 향상할 수 있다는 신념 없이는 실제로 발전하고 향상할 수 없다는 겁니다. 거꾸로 말하면 신념이 있어야 발전이 있다는 겁니다.

다시 파스칼과 몽테뉴의 신념 차이로 돌아가봅시다. '인간은 생각하는 갈대'이며 "모든 남자(인간)의 불행은 조용한 방에서 혼자 앉아 있지 못함으로부터 기원한다", 즉 신을 만나지 못함으로부터 기원한다고 믿었던 파스칼과 인간에겐 무엇이든 "뒤흔들고, 의심하고, 따져 묻고, 어떤 것도 단정하지 않고, 어떤 것도 다짐하지 않는 회의의 정신"이 필요하다고 믿었던 몽테뉴. 비유적으로 말하자면, 그 두 가지 정반대되는 신념 사이에서의 고뇌가 아직도 인간이 어디서부터 비롯됐는지를 알지 못하는, 인류가 가질 수 있는 유일한 '신념'이 아닐까 생각되기도 합니다.

미인은 더 행복한가?

아사노 아쓰코의 소설 《분홍빛 손톱》의 여주인공은 매니큐어 바르기를 좋아합니다. 매니큐어 중에서도 빨간색은 싫어하고, 연한 분홍색이나 희미한 산호색 바르기를 좋아합니다. 그런 색깔만이 "치즈햄버거를 쥘 때, 책장을 넘길 때, 운동화 끈을 묶을 때" 슬며시 손톱을 의식하게 만들기 때문입니다. 그럴 때의 손톱이야말로 "내 몸 가운데 가장 자신 있고 아름다운 부분"이기도 합니다. 그녀가 그렇게 손톱에 자신 있어할 때마다 서구적인 외모의 언니는 "그거 좀 초라한 거 아니니?"라면서 늘 면박을 줍니다. 하지만 그녀가 보기에 언니는 뛰어난 외모 때문에 오히려 치장에 더 신경 쓰느라 늘 바쁘고 별로 행복해 보이지도 않습니다. 차라리 손톱만 아름다운 자신이 훨씬 행복하게 느껴집니다.

아일랜드 작가 메리언 키스(Marian Keyes)의 발랄한 소설 《처음

드시는 분들을 위한 초밥》에 나오는 여주인공의 친구도 엄청난 미인입니다. 주인공의 표현을 빌리자면 "교통 체증을 일으킬 만한 미인"입니다. 하지만 그녀 역시 행복하지 않습니다.

라이프 심리 컨설턴트인 마사 베크(Martha Beck)의 《여유의 기술》에는 저자의 친구 리즈가 등장합니다. 리즈 역시 학교를 대표하는 미인 '메이 퀸(May queen)'으로 뽑히고, 가장 아름다운 여교수로 꼽힐 정도로 빼어난 미인입니다. 하지만 그녀는 인간에 대한 불신감이 하도 커서 빼어난 미모도 아무 소용 없이 오히려 열등감과 결핍감 속에서 삽니다.

지극히 단편적인 몇 가지 사례만으로 미인이어도 불행할 수 있다, 혹은 미인이 더 불행하고 못생긴 사람이 더 행복하다는 식의 강변을 하려는 것은 아닙니다. 사실 외모를 전혀 따지지 말아야 한다는 말도 무조건 외모가 최고라는 말만큼이나 억압적입니다. 예쁘고 잘생긴 외모에 호감을 느끼는 것 자체를 억압하거나 죄악시하는 것은 눈으로 사물을 아예 보지도 말라는 것이나 다름없습니다.

하지만 길거리에서 한번 보고 지나갈 행인 이상의 사이에서는 외모 말고도 관계에 영향을 끼치는 것이 얼마나 많은지요. 거기다가 미인, 특히 거의 전 세계 여성들이 동일하게 지향하는 서구적인 미인의 기준이 어떤 이유에서 비롯된 것인지에 대해 진화심리학에서 말하는 설명을 듣고 나면, 미인에 대한 집착이 얼마나 시대착오적이고 원시적인지를 느낄 수 있습니다.

가령 서양에서는 금발에 풍만한 가슴을 미녀의 중요한 조건으로 꼽습니다. 그런데 《진화 심리학》의 저자인 딜런 에반스(Dylan Evans)에 따르면, 원시 시대 이후 오랜 세월 동안 가장 바람직한 여성의 기준은 아이를 많이 낳을 수 있을 만큼 젊고 건강한지 아닌지에 있었습니다. 금발과 풍만한 가슴은 그 밖의 머리카락이나 가슴에 비해 나이나 건강에 따라 색깔이나 형태의 변화가 훨씬 빠르고 표시도 쉽게 납니다. 더는 젊지 않은, 즉 가임 가능성이 낮아진 정도가 훨씬 더 쉽게 눈에 띄는 것이지요. 뒤집어 말하면 금발과 풍만한 가슴은 가임 가능성이 아주 높은 젊은 여성이라는 것을 한눈에 가장 쉽게 판별하게 해주는 외적인 특징입니다. 그래서 가장 바람직한 신체 조건으로 환영받았는데, 그 바람직하다는 감각이 인간의 유전자 속에 그대로 각인되어 현대 사회에서도 여전히 금발에 풍만한 가슴이 미인의 조건으로 여겨진다는 겁니다.

우리가 열광하는 미인의 조건이란 결국 눈으로 더 쉽게 구분되는 2세 생산 확률인 겁니다. 그러니 거칠게 표현하자면, 금발에 풍만한 가슴 식의 외모에만 열광하는 남자들이 오직 2세 만들기, 즉 성적인 목적에만 혈안이 된 수컷으로만 보이는 것도 (혹은 실제로 그런 수컷

일 확률이 높은 것도) 무리가 아니고, 미인이 되고파 하는 여자들의 안달이 성적인 목적에만 혈안이 된 수컷의 눈에 자신의 높은 임신 가능성을 알리려는 안달일 수도 있다는 것 또한 가능한 해석입니다. 그런 배경이 있으니 미인이 현대 사회에서 더 불행할 수 있다는 것도 꽤 설득력이 있습니다. 그렇더라도 아름다움은 겸손하게 누리고, 솔직하게 인정하고, 순수하게 감탄할 대상이라고 생각하지만 말입니다.

천 원의 소중함

제가 자주 들여다보는 한 대학생 커뮤니티 사이트에 벼룩시장 게시판이 있습니다. 하숙집에서부터 컴퓨터며 옷과 화장품 등의 거래가 꽤 활발한 곳이고, 내놓는 물건 값도 학생 신분에 맞게 대부분 저렴한 수준입니다. 그런데 그 저렴함 때문에 좀 의아해질 때가 있었습니다. 이를테면 천 원, 2천 원짜리 티셔츠 두세 벌이 올라오는 경우입니다. 티셔츠를 팔아 받을 수 있는 금액은 다해봐야 6천 원 정도입니다. 심지어 천 원짜리 한 벌만 팔릴 수도 있습니다. 그런데 그 정도 금액의 돈을 벌겠다고 옷들을 일일이 사진 찍어 게시판에 올리고, 문자나 쪽지를 주고받고, 만나서 전해준다는 것이 너무나 수지타산이 맞지 않는 비경제적인 일 같았던 겁니다. 설마 정말로 몇천 원이 아쉬워서 그러는 걸까, 괜히 궁금했습니다.

그러다 얼마 후 우연히 그 사이트의 익명 게시판에서 한 남학생의 하소연을 읽게 되었습니다. 그 학생은 부모님이 주시는 용돈으로 정말 극빈자 수준의 생활을 하다시피 하면서 고시 공부를 하는 중이라고 합니다. 그런데 부모님이 정확한 사정도 모른 채 자꾸 돈을 헤프게 쓴다고 야단만 친다며 부모님이 너무나 원망스럽다는 하소연이었습니다. 그러자 많은 학생들이 비슷한 자신들의 처지를 댓글로 달았는데, 그중 한 남학생의 댓글에 그만 눈시울이 젖어버렸습니다. 그 학생 역시 고시 공부를 했는데, 공부하는 동안 부모님으로부터 용돈은 아예 받아본 적도 없다고 합니다. 스스로 독서실 총무 일을 하면서 돈을 벌어 방값 등 모든 생활비를 다 해결했던 겁니다. 그러다보니 하루에 쓸 수 있는 반찬값이 참치 한 캔이나 김 한 봉지에 해당하는 천 원 정도일 때도 많았다고 합니다. 때로는 그 천 원도 없거니와 쌀까지 떨어져서 완전히 굶나 보다 했는데, 마침 독서실 사장님이 천 원짜리 김밥을 한 줄 주고 가서서 정말 맛있게 먹은 적도 있다고 합니다. 단돈 천 원이라도 너무나 간절하고 아쉬울 때도 있는 것인데……. 깊이 반성했습니다.

그렇지 않더라도 벼룩시장에 내놓은 천 원짜리 티셔츠에는 사실 아주 중요하고 합리적인 심리적 배경이 들어 있습니다. 낡은 물건을 내놓으면서 팔아봤자 경제적으로 이익은커녕 손해일 것 같은 저렴한 값이나마 붙이는 것은, 정말로 그 금액에 해당하는 이익을 얻기 위해서가 아닙니다. 그보다는 자신의 흔적을 없애거나 남에게 준다는 데 대한 최소한의 심리적인 예의를 시키려는 노력입니다. 따라서 오히려 자연스러운 경제 행위라는 것이 심리학의 분석입니다.

 알고 보면 나쁜 사람이 하나도 없다지만, 알고 보면 이해 못할 일도 하나도 없습니다. 이렇게 많은 것을 이해하게 해주는 심리학, 참 아름다운 학문이라는 생각이 들기도 합니다.

눈물은
참지 않아도 돼

'옛 연인'을 왜 못 잊는가

요즘 한창 데이트 중이신 분들, 상대방에 대해 가장 마음에 걸리는 문제가 무엇인가요? 한 잡지에서 조사한 바에 따르면 1위가 '상대방이 옛 연인을 잊지 못하는 것'이었다고 합니다.

심리학자 로렌 채프먼(Loren Chapman)과 진 채프먼(Jean Chapman)은 어느 날 실험 참가자들에게 계란-호랑이, 노트북-베이컨, 사자-꽃 같은 식으로 두 개씩 짝 지어진 단어들을 보여주었습니다. 그리고 약간의 시간이 흐른 후에 그들이 봤다고 생각하는 단어의 짝을 조사했습니다. 그러자 대다수의 실험 참가자들이 실제로는 제시된 적이 없는 호랑이-사자 짝을 봤다고 대답했습니다. 고정관념에 따른 착각 때문입니다. 이처럼 실제로는 아무 관련이 없는데도 관련이 있다고 착각하는 것을 심리학에서는 '착각 상관(illusory correlation)'이라고 부릅니다.

20세기 최고의 추리소설 작가인 코넌 도일(Conan Doyle)이 만들어낸 명탐정 셜록 홈스는 착각 상관이라는 심리학 용어가 나오기도 전에 이미 비슷한 심리적 착각을 활용해 사건을 해결하기도 했습니다. 한 저택에서 일어난 살인 사건을 수사하던 셜록 홈스는 간밤에 누군가가 그 저택에 침입해 일으킨 사건이라고 확신하는데, 조사관은 홈스를 비웃듯 이렇게 말합니다. "간밤은 개도 짖지 않은 조용한 밤이었다. 침입 사건 같은 건 없었다." 아닌 게 아니라 낯선 사람이 침입했다면 개가 짖지 않고 조용히 넘어갔을 리 없습니다. 하지만 홈스는 다시 확신에 차서 말합니다. "개가 짖지 않았다는 게 바로 '어떤 일'일 수도 있소. 그거야말로 개가 침입자를 보고도 짖지 않았다는 뜻이고 그건 곧 평소 개에게 낯익은 얼굴이 침입했다는 뜻인 거요." '개가 짖지 않는 밤=아무 일 없는 밤'이란 고정관념, 즉 착각 상관을 간파하고 실제로 응용한 겁니다.

흔히 말하는 '징크스'나 '머피의 법칙'도 넓은 의미에서는 착각 상관의 일종이라고 할 수 있습니다. 아무 관련이 없는데도 '내가 농구 경기 중계방송을 보는 날에는 당연히 이길 팀이고 이길 상황인데도 꼭 진다'라든가, '화장을 안 하고 나간 날은 만날 가능성이 전혀 없던 옛 사랑을 길에서 우연히 만나게 된다'는 믿음도 모두 착각 상관의 일종인 겁니다.

《헤어짐의 심리학》을 쓴 아즈마 야스시는 연애에 실패하는, 또는 이별할 수밖에 없는 세 가지 유형으로 '상처 받는 것을 두려워하는 의존 유형, 사랑을 헌신이라고 생각하는 자기 희생 유형, 사랑을 해도 외로운 자립 유형'을 꼽았습니다. 그런데 그 세 가지 이별 유형을 다 갖춘 최악의 유형도 있다고 합니다. 바로 '이별 상태를 계속 사랑 상태라고 착각하면서 사는 유형'입니다. 이미 헤어진 사람인데도 '우리가 헤어졌을 리가 없어. 내가 그 사람을 못 잊듯 그 사람도 날 잊지 못하고 있을 거야. 곧 내게 다시 돌아올지도 몰라. 언젠간 내 진심을 알고 다시 돌아올 거야.' 이렇게 생각하면서 헤어짐을 인정하지 않고 자신과 옛 연인을 계속 착각 상관의 관계에 놓는 유형입니다.

새로운 연인을 만나고도 한동안 옛 연인에 대한 미련을 떨치지 못하는 것은 어느 정도 있을 수 있는 일이고 때로는 자연스럽기도 한 감정입니다. 하지만 자연스럽게 남는 미련이라기엔 정도가 지나친 옛 연인과의 착각 상관에 계속 머물면서, 새로운 사랑이나 만남을 시작해서 새로운 연인에게 계속 상처를 주는 사람도 있습니다. 아무리 사랑이라는 감정이 교통사고처럼 불가피한 측면이 있다 해도, 이런 사람과의 사랑은 아예 시작을 말든가 시작했다가도 무조건 끝내는 게 최선입니다.

이렇게 말하면 억울한 분도 있을 겁니다. "내가 일부러 옛 연인과의 착각 상관을 지속하려는 게 아니다. 나도 옛 연인은 깨끗이 잊고 새 연인에게 충실하고 싶다. 그런데 안 되는 걸 어떡하느냐?" 이렇게 하소연하고 싶은, 자신이야말로 답답한 피해자라는 심정인 분들도 있을 겁니다.

그 심정도 이해할 만합니다. 심리서에서 자주 인용되는 유명한 심리 이론 중에 '백곰 이론'이 있습니다. 이 이론이 그런 분들의 심리를 잘 설명해줍니다. 영화 〈인셉션〉에도 동물 이름만 백곰에서 코끼리로 바뀌어 인용된 이론입니다.

심리학자 대니얼 웨그너(Daniel Wegner) 교수는 학생들에게 5분 동안 머릿속에 떠오르는 모든 것들을 다 적게 했습니다. 그리고 다음 5분 동안은 떠오르는 것을 모두 적되 '백곰'이란 단어만은 생각하지도, 쓰지도 말라고 했습니다. 그래도 생각이 나면 그때마다 앞에 놓인 종을 치라고 했습니다. 학생들 중에 종을 치지 않은 학생은 한 명도 없었습니다. 백곰을 생각하지 말라고 하자 오히려 백곰 생각을 떨칠 수가 없게 된 겁니다. 웨그너 교수는 이 실험 결과를 통해 "기억과 생각은 억압하면 할수록 오히려 더 집착하게 된다."는 백곰 이론을 탄생시켰습니다.

새로운 연인을 만났는데도 일부러 헤어진 옛 연인을 더 생각하고 안 잊으려고 노력하는 사람은 드물 겁니다. 자신도 그만 생각해야지, 그만 잊어야지 하는데 안 될 뿐이지요. 백곰 이론을 생각해보면 차라리 일마긴은 잊고 싶은 기억을 그냥 방치하는 편이 나을 듯합니다. 잊으려고 지나치게 기를 쓰고 애쓸 게 아니라 생각나면 나는 대로 그냥 내버려두는 겁니다. 힘들겠지만 실컷 힘들라고 그냥 내버려두는 겁니다. '사랑'이라는 귀한 감정을 누렸는데 그 정도 값은 좀치러도 되지 않을까요. 그렇게 아픈 만큼 정직하게 아파하다 보면, 백곰은 어느 날 서서히 북극의 빙하를 찾아 떠나고 옛 연인에 대한 착각 상관도 어느덧 희미하게 사라져서 없을 겁니다.

나를 조종하는 사람에게서 벗어나는 법

'가로등'이란 단어를 들으면 제일 먼저 생텍쥐페리의 《어린 왕자》가 떠오릅니다. 어린 왕자가 만난 점등인은 저녁이면 긴 막대로 길거리 가로등에 직접 불을 붙입니다. 전혜린의 글 〈회색의 포도와 레몬빛 가스등〉도 떠오릅니다. "제복 입은 할아버지가 자전거를 타고 좁은 돌길 양쪽에 서 있는 고풍 그대로의 가스등을 한 등 한 등 긴 막대기를 사용하면서 켜 가는 모습"을 언제까지고 잊을 수 없을 거라고, "내가 유럽을 그리워한다면 안개와 가스등 때문인 것이다."라던 글입니다. 하지만 이제는 유럽에서도 그렇게 사람이 일일이 가스등을 켜는 모습은 더는 볼 수 없겠지요. 아쉽습니다.

그러나 심리학에서 '가스등'은 그리운 낭만이 아닌 공포가 깃든 사물입니다. 조지 큐커(George Cukor) 감독이 1940년대에 만든 영화 중에 〈가스등〉이란 영화가 있습니다. 잉그리드 버그만이 지극히 여린 성격의 여주인공 역을 맡아 열연한 영화입니다. 영화 속의 남편은 그녀가 받은 유산을 가로채려고 아내를 정신이상자로 몰아갑니다. 침실 창밖의 가스등을 계속 켜졌다 꺼졌다 하도록 조작해놓고는 그 깜박임을 이상해하는 아내에게 정신이상이 생겼다고 몰아대는 겁니다. 아내는 남편의 의도대로 자신이 미쳐 가고 있다고 확신하게 됩니다. 심리 상담사 로빈 스턴(Robin Stren)은 이 영화의 내용을 빌려와 '가스등 효과'라는 심리학 이론을 만들었습니다. 상대방을 조종하려는 사람과 거기에 조종당하는 사람 사이에 벌어지는 병적인 심리 현상을 가리키는 이론입니다.

로빈은 그런 음모적이고 폭력적인 가스등 효과로부터 벗어나는 방법도 제시합니다. 가스등 효과에서 벗어나려면 무엇보다 자신이 조종당하고 있다는 사실부터 자각해야 한다고 합니다. 누군가가 자신에게 강력한 영향력을 행사하면서 자신의 감정을 늘 의도적으로 상처내고 훼손한다는 사실부터 분명히 마주봐야 한다는 겁니다. 그런 다음엔 그 사람을 '심리의 집' 바깥으로 몰아내는 상상을 지속합니다. 그러면서 자기 자신을 더 강하게 단련하는 노력을 계속해야 한다고 로빈은 조언합니다.

그런가 하면 코칭 전문가 수전 캠벨(Susan Campbell)은 가스등 효과의 조종자들 중 연인 관계인 이들이 가장 강력한 조종 도구로 삼는 '가스등'은 "그럼 그만 끝내!" "자꾸 그러면 나와는 끝인 줄 알아!" 식의 '겁주기와 엄포'라고 합니다. 헤어짐과 상실감이야말로 심성 여린 사람들이 제일 두려워하는 상황이라는 것을 잘 아는 겁니다. 실제로 심성이 여린 사람들은 그 겁주기와 엄포에 어린아이처럼 무조건 겁을 냅니다. 그러면 상대방은 그에 비례해 점점 더 당당하고 강력하게 "끝장이야!"를 외칩니다.

정신과 의사 폴 도브란스키(Paul Dobransky)는 "자신을 무시하는 상대와 헤어지는 결정을 하는 것도 용기"라고 강조합니다. "끝장이야!"를 계속 깜박여대는 가스등, 과감히 스위치를 내려버리고 내 쪽에서 먼저 '끝장'을 내버릴 일입니다. 분명 '끝나는 것'보다 '시작되는 것'이 더 많을 겁니다.

사랑으로 읽는 사랑과 이별의 심리

　기호학자 롤랑 바르트(Roland Barthes)는 《카메라 루시다》에서 사진은 "사진기에서 나간 광선의 기록물"이기보다 "사진을 찍던 날 사진 속 주인공의 피부며 옷이나 시선에서 발산되는 광선의 집합체"이자 "결코 되풀이할 수 없는 지나간 시간을 기계적으로 되풀이해주는, 부활과 관련 있는 현존의 증명서"라고 정의합니다.

　최근 들어 많은 심리학자들은 심리적인 문제의 근원이나 이유를 찾고 분석하고 치료하는 데 사진을 적극 활용합니다. 특히 어린 시절의 가족사진을 통해서 그 사람의 심리적인 고통이나 결핍, 왜곡된 점들을 발견하기도 합니다. 독일의 심리학자 마르틴 슈스터(Martin Schuster)는 '사진이 많은 시기'와 '거의 없는 시기'만 봐도 가족관계의 어려움이나 개인적인 위기 상황을 어느 정도 짐작할 수 있다고 합니다. 즉 가족사진을 거의 찍지 않은 시기에는 가족들이 사진기 앞에 모일 만한 즐거운 기회도 그만큼 드물었다는 뜻이고, 따라서 가족관계가 좋지 않거나 불화가 있는 집일 확률이 높다는 겁니다. 실제로 화목한 집일수록 함께 찍은 사진도 많고, 그 사진들이 앨범에 정리도 잘 되어 있고, 액자나 벽에도 알맞게 잘 걸려 있는 듯합니다. 벽에다 초상화나 가족사진을 걸 생각을 제일 먼저 했던 사람은 가족을 유난히 사랑하거나 자랑스러워하거나 혹은 그리워했던 사람이었을 겁니다.

하지만 그런 사진의 속성이 오히려 고통과 상처가 될 때도 있습니다. 슈스터는 사진을 어느 한순간을 담아놓은 단순한 기록물이 아니라, "중요한 변화를 상징적 행위로 표현할 수 있는 '마음을 위한 작은 공연'에 버금간다"고 하면서 그 '작은 공연' 중에는 쓰라린 '이별 공연'도 포함된다고 썼습니다.

'이별 공연'이란 이렇습니다. 한 여성이 사랑하는 남자로부터 배신을 당하고 쓰라린 마음으로 심리 치료사를 찾아갑니다. 심리 치료사는 그녀에게 남자의 사진을 가져오게 합니다. 그러곤 남자로부터 떠날 마음의 준비가 돼 있는지를 물어본 뒤, 남자의 사진을 찢어 그 조각들을 가방에 넣고 다니다가 상담을 받으러 올 때마다 마음 상태에 따라서 사진 조각들을 조금씩 버리라고 합니다.

3개월이 지나자 사진 조각은 몇 개 남지 않았고 그나마도 얼마

안 가 완전히 다 버려집니다. 그녀는 단순히 사진을 찢어서 그 조각들을 버렸다기보다는 마음에 남아 있던 사랑에 대한 미련과 배신에 대한 분노나 고통들을 조각내서 직접 버리고 없애는 '공연'을 한 셈이었던 겁니다. 사랑할 때는 사진을 찍는 공연으로 그 사랑을 더욱 행복하게 확인하고 간직했겠지만, 헤어질 때는 그 사진들을 찢고 버리는 공연으로 이별이나 배신의 쓰라림을 달래고 또 인정하는 거지요. 사랑과 이별을 경험할 때 사진이 자신의 심리를 확인하고 결정하는 중요한 공연 도구 역할을 하는 겁니다.

하지만 이제는 사진을 굳이 찢을 것도 없습니다. 사진도 컴퓨터나 휴대폰, 인터넷 공간에 주로 저장해 두니 삭제 버튼 클릭 한 번만으로 간단히 없애버릴 수 있습니다. 찢는 것보다는 덜 잔인하고 파괴적인 듯해서 다행스럽기도 하지만, 한편으로는 너무 간단해서 좀 허망하기도 할 '이별 공연'이 아닐지 모르겠습니다.

사랑의 수렁에 빠지지 않으려면

초콜릿 좋아하시는지요? 초콜릿 하면 멕시코의 여성 작가 라우라 에스키벨(Laura Esquivel)의 소설 《달콤 쌉싸름한 초콜릿》이 떠오릅니다. 소설엔 초콜릿 만드는 법이며 용도까지 자세히 나옵니다. 그 중에는 초콜릿도 커피만큼이나 사소한 요소들에 의해 맛이나 질이 크게 달라진다는 내용도 있습니다. 가령 "금속 프라이팬을 사용하는지, 흠잡을 데 없는 좋은 초콜릿 열매를 사용하는지, 몇 가지 종류의 초콜릿 열매를 섞는지, 그리고 얼마 동안 볶는지"에 따라서 맛이 현저히 달라진다고 합니다. 그렇게 모든 조건을 다 섬세하게 헤아려서 만든 초콜릿 한 조각을 입에 넣는 느낌은 상상만으로도 행복합니다.

《나는 왜 나를 사랑하는가》를 쓴 심리학자 진 트웬지(Jean Twenge)와 키스 캠벨(Keith Campbell)은 사람들에게 이렇게 질문합니다. "두 개의 작은 접시 중 한쪽에는 예쁘게 장식된 초콜릿 케이크가 담겨 있고 한쪽에는 삶은 브로콜리가 담겨 있다. 둘 중 하나를 먹어야 한다면 어느 쪽을 먹겠는가?"

조사 결과에 의하면 젊은 사람일수록, 심지어 초콜릿을 좋아하지 않는 경우에도 우선 당장은 보기에 좋고 입에 단 초콜릿 케이크에 손을 뻗는다고 합니다. 이른바 '초콜릿 케이크 함정'입니다. 뭔가를 선택할 때 초기 단계일수록 자신에게 좋은지 안 좋은지를 판단할 새도 없이 무조건 '그럴듯해 보이는 것'에 먼저 손을 뻗는 겁니다.

초기 단계의 그런 충동적인 선택은 연인이나 배우자를 선택하는 경우에도 예외가 아닙니다. 젊고 어릴수록, 또는 나이에 상관없이 연애 초보일수록 연애나 결혼 생활을 훨씬 안정되고 평화롭게 해 나갈 수 있는 조건보다는 당장 그럴듯해 보이는 것에 훨씬 더 쉽게 사로잡힙니다. 그래서 물질적으로나 심리적으로 큰 고통을 줄 상대라는 것이 뻔해도 무조건 연애나 결혼에 뛰어듭니다. 선택의 대가보다 선택 자체의 기쁨에 더욱 강력히 휘둘리면서 스스로 함정 속으로 걸어 들어가는 겁니다.

트웬지와 캠벨에 따르면 그런 함정 중에서도 최악의 함정, 즉 연애나 결혼을 구렁텅이에 빠뜨리는 가장 나쁜 초콜릿 케이크 함정은 바로 '나르시시스트와 사랑에 빠지는 것'입니다. 나르시시스트들은 항상 세 가지 '놀이'를 즐깁니다. 진정성이라고는 눈곱만큼도 없이 사랑을 단순한 포획으로만 즐기는 '사냥꾼 놀이', 상대방을 오직 자신의 이익을 위한 연료, 즉 땔감으로만 생각하는 '땔감 놀이', 처음 시작은 굉장히 좋지만 끝에는 재난만을 선사하는 '용두사미 재난 놀이'를 항상 하는 겁니다.

심리 치료사인 샌디 호치키스(Sandy Hotchkiss)는 나르시시스트를 "한두 살 때의 자기 중심적 단계에서 벗어나지 못한 채 항상 내 느낌과 욕구가 제일 '중요'하다고 생각하는 사람들"이라고 규정합니다. 그들이 자신을 그렇게 '중요하다'고 생각하는 이유는 "왜냐하면 나는 충분히 중요하니까"입니다. 억지스러운 이유가 아닐 수 없습니다. 그러니 나르시시스트와 사랑에 빠지는 것은 말 잘하는 갓난아이와 연애하겠다고 덤비는 것과 다를 바 없습니다. 무엇이든 다 상대가 해 달라는 대로 해주면서 일방적으로 모든 걸 다 감수하겠다는, 불행을 무한정으로 인내할 의지가 없고서는 지속 불가능한 사랑인 겁니다.

그런 불행에 빠진 사람을 자처하지 않으려면 함정을 최대한 미리 알아보고 피하는 게 최선입니다. 하지만 사람은 접시 위에 놓인 브로콜리와 초콜릿이 아닙니다. 내면과 외면의 차이가 큰 가장과 위장의 동물인 데다 눈과 귀가 얇은 동물이기도 해서, 초콜릿이 브로콜리를 가장하기도 하고 브로콜리가 초콜릿처럼 보이기도 합니다. 한눈에 알아보기가 힘든 겁니다. 그러니 할 수 없습니다 시력이 약하면 안경의 도움을 받듯이 사람 보는 눈이 나은 주위 사람으로부터 조언을 구하거나 사람에 대한 수많은 정보들을 열심히 참고할 수밖에 없습니다.

사실 한두 번쯤은 그런 초콜릿 케이크 함정을 직접 경험해보는 것도 나쁘지는 않습니다. 나르시시스트가 어떤 사람인지, 그런 사람과 사랑하는 게 어떤 일인지를 직접 겪어본 시행착오가 다음번에는 보다 성숙한 브로콜리를 선택하는 내공을 길러줄 수도 있습니다. 인생에든 사랑에든 사실 초콜릿의 달콤함도 좀 필요한 법 아니겠는지요. 물론 나르시시스트를 만났다가 받은 상처가 너무 크고 파괴적이어서 사랑에 대한 전적인 불신이나 거부감을 갖게 되지만 않는다면 말입니다.

똑똑한 사람이 사랑에 어리석은 이유

아는 것도 많고 일도 잘하고 언제 어디서든 자기 앞가림쯤이야 늘 야무지게 잘해낼 것 같은 사람이 있습니다. 그런데 정작 사랑 문제를 보면 도대체 어쩌다 하필 그런 사람을 선택했는지, 어떻게 그렇게 무한정 당하기만 하면서도 못 벗어나는지 도저히 이해가 안 갈 때가 있습니다. 그런 사람을 가리켜 흔히 '똑똑한 바보' 또는 '헛똑똑'이라고 부릅니다.

심리학 실험 중에는 아는 것도 많고 똑똑한 사람들이 오히려 '헛똑똑'이 되기 쉽다는 것을 입증해주는 실험도 있습니다. 이를테면 각각 미국인과 독일인으로 구성된 두 그룹에게 질문합니다. 미국 도시인 샌디에이고와 샌안토니오 중에서 인구가 더 많은 쪽은 어느 쪽인가? 당연히 미국인들에게 절대적으로 유리한 질문입니다. 하지만 정작 정답인 샌디에이고를 맞춘 이들은 독일인 그룹에 훨씬 많았습니다. 두 도시에 대해 상대적으로 더 많은 지식이나 정보를 가진 미국인들은 그 지식이나 정보 때문에 혼란을 느껴 오히려 오답을 더 많이 골랐고, 정작 두 도시에 대해 아는 게 적은 독일인들은 막연한 추측에 의지할 수밖에 없으므로 그저 이름이 더 익숙한 샌디에이고를 골랐다가 정답을 맞히게 된 겁니다.

평소에 공부나 일상생활에서 자타가 똑똑하다고 여기는 이들은 사랑 문제에서도 자신의 똑똑함이나 명석함으로 일이 잘 풀릴 거라고 생각합니다. 똑같이 '우수할 것'이라고 생각하는 겁니다. 하지만 사랑이야말로 지능지수나 지식과 관계가 없고 성적순도 아닙니다. 그야말로 '짐작할 수 없는 돌발 상황'에 좌우되는 그 어떤 감정입니다.

자신을 평범하게 여기는 이들은 그런 돌발을 돌발 그 자체로 받아들입니다. 그리고 자신이 잘 알지 못하는 미국 지방에 대한 돌발 질문을 받고 샌디에이고라는 답을 고른 독일인들처럼 그에 대한 가장 잘 알려진 해석이나 대응을 선택합니다. 하지만 자타가 똑똑하다고 공인하는 사람들은 자신의 똑똑함이 별 효력을 발휘하지 못하는 돌발 상황이나 감정 앞에서 내심 당황하게 됩니다. 그 당황은 두 가지의 상반된 태도를 부릅니다. "이거 어이없고 우습네." 하면서 사랑이라는 세계로부터 완전히 철수하거나 반대로 "여기는 내가 완전히 모르는 새로운 세계네." 하고 감탄하면서 전적으로 무릎을 꿇는 겁니다. 첫 번째 유형이야 오만 때문에 다시는 사랑 따위 하려 들지 않을 테고, 바로 두 번째의 겸손한 유형이 남들에게는 그냥 일반 상식 수준인 사랑에 대한 정보도 판단력도 없고 대응 방식도 모르는 '헛똑똑', 즉 똑똑한 바보가 됩니다.

똑똑한 바보들이 연애나 결혼 생활에서 제일 잘하는 것 중 하나가 상대방이 자신을 극히 부당하게 휘두르는데도 무작정 매달리고 비는 '애원'입니다. 심리학자 이철우의 《나를 위한 심리학》에 따르면 사람이 자신의 뜻을 다른 사람에게 전하는 '자기 제시'에는 두 가지 방법이 있다고 합니다. 하나는 자신이 얼마나 강한지를 '과시'하는 것이고, 다른 하나는 자신이 얼마나 약한지를 '설득'하는 것입니다. 그중 자신이 얼마나 약한지를 설득해서 상대방의 지원이나 지지를 얻으려는 자기 제시 방법이 바로 애원이라고 합니다. 그러니 애원을 한다는 것은 스스로 미리 약자의 입장에 선 채 자진해서 비굴해질 태세를 갖춘 것이나 마찬가지입니다. 물론 사람에게는 대체로 약한 사람 편을 들어주려는 본능적인 선량함이 있기에 그런 애원이 상대방의 마음을 움직이기도 합니다. 그 덕분에 애원으로 원하는 것을 얻는 경우도 더러 있습니다.

하지만 애원은 역효과나 후유증도 큽니다. 잦은 애원은 그 사람을 부탁만 하는 사람, 자신의 이미지를 약하게 조작하는 사람, 안 되는 일에 어린아이처럼 매달리는 사람, 무엇보다 함부로 대해도 좋은 사람, 즉 함부로 휘둘러도 좋은 사람으로 인식하게 합니다. 그런 인식은 결국 상대방의 마음을 더 멀어지거나 냉담하게 만든다고 합니다.

어떤 관계든 어느 한편이 늘 너무 자주 애원하는 입장에 선다는 건 분명 그 관계에 문제가 있다는 뜻입니다. 특히 다른 일이나 관계에서는 늘 똑 부러진다는 소리를 듣는데 이상하게 사랑 문제에서만큼은 '헛똑똑', 똑똑한 바보라는 소리를 자주 들으시는 분들은 무엇보다 두 사람 사이에서 주로 어떤 일로 얼마나 자주 애원이 반복되는지 그 빈도와 내용을 확인해보는 것이 중요합니다. 상대방이 자신으로 하여금 애원을 하게 만든다고 생각하거나, 순전히 상대방을 위해 애원하는 것이라는 생각을 하고 있지는 않은지요? 애원의 횟수, 한번 꼼꼼히 헤아려볼 필요가 있습니다.

〈섹스 앤 더 시티〉의 네 가지 성격 유형

미국 아이오와 대학에서 주최하는 국제 창작 레지던스 프로그램 참여가 확정됐을 때 가장 다급했던 것은 영어 회화 공부였습니다. 3개월이라는 체류 기간이 아주 짧은 것도 아닐뿐더러, 일상생활은 물론 영어로 시 낭송이며 세미나, 패널 토론까지 소화해야 하니 변변찮은 영어 실력부터 빨리 늘려야 했습니다. 그래서 영어 회화 공부를 하겠다고 집어든 것이 〈프렌즈〉며 〈섹스 앤 더 시티〉 같은 미국 드라마 시리즈였습니다. 그중 〈섹스 앤 더 시티〉는 연애나 결혼을 바라보는 남성과 여성의 시각 차이와 성에 관한 솔직하고 적나라하면서도 신랄한 내용이 많아서 영어 공부와 상관없이 재미있게 보기도 했습니다. 특히 주인공인 캐리와 그녀의 세 친구 샬럿, 미란다, 서맨사가 상징하는 여성 유형은 우리 주변에서도 흔하게 보이는 유형들이어서 공감대도 컸습니다.

남성 심리 전문가인 로버트 무어(Robert Moore)는 남성들을 네 가지 유형으로 나누어 분석합니다. 《사랑에 빠지는 비밀 심리학》을 쓴 폴 도브란스키는 무어의 분석 틀을 적용해서 〈섹스 앤 더 시티〉의 여주인공들을 분석해 관심을 모았습니다. 도브란스키의 분석을 옮겨 보자면, 샬럿 같은 '왕의 기질' 유형은 타인을 보살피려는 성향과 분석적인 성향이 강합니다. 규칙을 잘 따르고 친구들에게 조언도 잘합니다. 미란다 같은 '전사 기질' 유형은 덜 분석적이지만 자기주장은 누구보다 강합니다. 늘 자신만만하고 외향적이면서 솔직하지만 화려하지는 않은, 분노보다 불안을 더 잘 다루는 유형입니다. 화려함의 극치인 서맨사는 '마법사 기질' 유형입니다. 예측 불가능한 매력으로 애정 관계가 화려하지만 그래서 이상하게 보이기도 합니다. 마지막으로 주인공 캐리는 '연인 기질' 유형인데, 배려심이 깊은 한편 자신을 과장하는 허세나 가식이 드물고 낭만적이고 솔직하면서 때론 진지하기도 합니다.

아이오와로 가는 비행기 안에서 본 것은 〈위기의 주부들〉이라는 드라마였습니다. 〈위기의 주부들〉에 나오는 주인공도 네 명인데, 그 네 명의 유형도 〈섹스 앤 더 시티〉 주인공의 네 가지 유형과 비슷합니다. 마치 〈섹스 앤 더 시티〉에 나오는 주인공 네 명의 주부 버전처럼 느껴질 정도입니다. 매사 똑 부러지면서 가정에 헌신적인 리넷은

'왕의 기질'의 샬럿, 자신만만한 완벽주의자인 브리는 '전사 기질'의 미란다, 화려하고 자유분방한 가브리엘은 '마법사 기질'의 서맨사, 엉뚱하면서도 낭만적이고 순수한 수전은 '연인 기질'의 캐리의 결혼 이후를 떠올리게 하는 겁니다.

그러니 때로 저 자신을 포함해 주위 여성들을 그 네 유형으로 분류해보게도 됩니다. 사실 여성이든 남성이든 인간이란 존재가 네 유형으로 구분될 수 있을 만큼 단순하다고는 생각하지 않습니다. 하지만 때로는 네 가지 유형까지도 필요 없습니다. '인간'이라는 단 한 가지 유형만으로도 지구상 모든 인간의 심리를 단번에 파악할 수 있기도 합니다. 네 가지 유형 정도면 충분히 구체적인 구분입니다. 따라서 자기 자신과 주위 사람을 네 유형에 대입해보는 것도 자신과 주위 사람을 파악하는 데 꽤 도움이 될 겁니다.

다시 도브란스키의 분석으로 돌아가자면, 네 유형의 남녀 중에서 연인이 됐을 때의 만족도가 가장 높은 유형은 '서로 반대되는 기질을 가진 사람들'이라고 합니다. 가령 타인을 보살피는 일에 만족감이 높은 '왕의 기질'은 다소 제멋대로인 '마법사 기질'과 만났을 때, 낭만적인 '연인 기질'은 자기 주장이 분명한 '전사 기질'과 만났을 때 가장 행복할 수 있다는 겁니다.

그러나 그런 기질을 뛰어넘어 더욱 행복한 연인이나 부부가 되는 이들도 있다고 도브란스키는 강조합니다. 기질이 같은지 다른지도 아무 상관이 없는 관계, 가장 만족도가 높은 행복한 관계를 형성하는 이들은 바로 '성숙한 사람들'이라고 합니다.

그러고 보니 톨스토이의 《안나 카레니나》에 나오는 "모든 행복한 가정은 비슷한 모습이지만 불행한 가정들은 제각각의 사연과 모습을 갖고 있다."라는 유명한 문장도 떠오릅니다. 부부 각자의 기질이나 유형이 날것 그대로 마구 발휘되고 충돌하는 가정의 모습은 그 기질이나 유형의 조합 숫자만큼 다양해 보이겠지만, 각자의 기질이나 유형을 뛰어넘는 성숙한 사람들이 이룬 가정은 똑같이 행복해 보이는 거겠지요. 그래서 행복은 때로 단조롭고 단순하게 보이기도 합니다. 하여튼 기질이나 유형이 어떻든 행복한 커플이 되려면 성숙한 사람을 만날 것, 그리고 나 자신도 성숙한 사람일 것, 그 두 가지가 사랑과 결혼의 가장 큰 관건이겠습니다.

우정, 부부 싸움의 진정제

　미술심리학 전문가인 권혁례 교수가 한번은 심한 갈등에 시달리다 찾아온 부부에게 어떤 형태로든 '물'을 그려보라고 했습니다. 그러자 부인은 물이 끝없이 샘솟는 샘물을 그리고, 남편은 우물가의 여인이 마실 때 숨 차지 말라고 나뭇잎을 띄워 건넸다는, 옛이야기에 나오는 두레박 물을 그립니다.
　권 교수의 분석에 따르면 그 물은 서로에게 바라는 사랑이 얼마나 다른지를 보여줍니다. 즉 아내가 남편에게 바라는 사랑은 아무리 퍼내도 마르지 않는 샘물같이 한결같으면서도 자상한 사랑이고, 남편이 아내에게 바라는 사랑은 우물가의 여인 같은 사려 깊으면서도 지혜로운 사랑입니다. 그렇게 서로 기대하고 바라는 사랑이 다르니, 남편은 무한한 사랑을 기대하는 아내가 부담스럽고 아내는 이상적인 여인을 기대하는 남편이 부담스러워 갈등이 깊어질 수밖에 없습니다.

한스 요아힘 마츠(Hans Joachim Maaz)의 《심리학이 들려주는 사랑의 기술》에는 피크닉에 나선 한 커플이 이런 식의 대화를 주고받는 장면이 나옵니다.

"와, 꽃이네. 이게 무슨 꽃이지?"
"글쎄. 카네이션 같은데?"
"더 정확히는 몰라?"
"우리 정원에는 없어서 몰라."
"난 또 네가 잘 아는 줄 알았지."
"근데 가방에 갖고 온 게 다 뭐야?"
"스웨터하고, 비가 올지 모르니까 우산하고 물, 바람막이 재킷."
"맙소사. 아주 중무장을 했군. 일기예보 안 들었어?"
"그래도 모르는 일이잖아."
"그러니 매일 그렇게 무겁다고 낑낑대고 다니지."

벌써 불화나 권태가 시작된 관계 같습니다. 곧 헤어지지 않을까 싶습니다. 그런데 뜻밖에 아주 많은 연인이나 부부들이 이렇게 서로에게 큰 상처가 되는 삐딱한 말들을 아무렇지도 않게 일상적으로 주고받으며 지낸다고 마츠는 지적합니다. 돌이켜보면 한때는 세상에서 가장 소중하고 간절하고 그리운 사이였을 텐데 어느덧 이렇게 서로를 못 견뎌하면서 때로는 남보다 더한 미움과 환멸을 주고받으니, 사랑이란 감정의 유효 기간은 정말로 일시적인 것이 아닐까 싶기도 합니다.

하지만 해법이 전혀 없는 것은 아닙니다. 심리학자 폴 도브란스키는 사람의 뇌에서 사랑을 관장하는 부분을 '파충류의 뇌', '포유류의 뇌', '고차원의 뇌'라는 이름의 세 가지 영역으로 나눕니다. '파충류의 뇌'는 본능적인 이끌림과 연인 역할을, '포유류의 뇌'는 우정의 감정과 친구 역할을, 세 번째 '고차원의 뇌'는 지적인 대화나 인내, 헌신 같은 감정을 좌우합니다. 그런데 두 사람 사이를 좌우하는 건 바로 이 세 영역이 작동하는 타이밍입니다. 내 쪽은 '고차원의 뇌'가 작동 중인데 상대방은 '파충류의 뇌'가 작동 중이면 서로 짜증을 내거나 괜한 말다툼이 벌어질 수밖에 없습니다.

그런데 그렇게 타이밍이 어긋나서 말다툼이 벌어지거나 충돌이 생겼을 때 두 사람 모두가 가장 빨리 내려서거나 올라올 수 있는 상호 양보의 중립 지대가 바로 '포유류의 뇌' 영역, 즉 우정의 영역입니다. 따라서 부부 싸움을 할 때도, 화해를 할 때도 상대방을 사랑의 대상보다는 우정의 대상, 곧 친구로 생각하면서 임하면 갈등이나 권태가 훨씬 쉽게 해결된다고 합니다. 우정이 역시 사랑보다 훨씬 너그럽고 여유 있고 오래 가는 감정인 겁니다.

눈물은 참지 않아도 돼

학창 시절에 별명이 똑같이 '고장 난 수도꼭지'였던 두 명의 친구가 있었습니다. 그런데 그 똑같은 별명은 실은 두 친구의 정반대 특징에서 나온 것이었습니다. 한 친구는 너무 자주 울고 한번 울면 좀처럼 그칠 줄 몰라서 '고장 난 수도꼭지'였고, 한 친구는 울 만한 일에도 절대 안 울어서 '고장 난 수도꼭지'였던 겁니다.

톰 슈미트(Tom Schmitt)와 미하엘 에서(Michael Esser)는 《버티기와 당기기》에서 너무 쉽게 잘 우는 사람을 이렇게 분석합니다. "자신의 목표를 달성하는 일에 울먹이는 목소리를 자주 내는 사람은 타인으로부터 존중받기만을 바라는 자기 중심적인 사람이기 쉽다. …… 한숨을 자주 내쉬는 사람 역시 어떤 문장을 발설하기 전에 말에 필요한 에너지를 대부분 소비하고 나머지 에너지만으로 말하는 셈이라 말에 힘과 설득력이 없기 쉽다. …… 그런 사람들일수록 결국은 스스로 지위를 자기 비하 수준으로 떨어뜨린다."

　울음에는 확실히 어린애 같은 이기적인 떼쓰기와 엄살, 강요의 심리가 있습니다. 그래서 너무 잘 우는 본인도, 그 사람 곁에 있는 사람도 심리적으로 쉽게 피곤해지게 됩니다. 언젠가 한 회사의 부장님께 들었던 말이 생각납니다. 그분은 회사에서 제일 싫은 때가 여직원들이 아무 일에나, 아무 때나 울면서 얘기할 때라고 합니다. 그래서 입사 면접 때는 가끔 여성 응시자들에게 최근에 언제 울었는지, 무슨 일로 울었는지를 물어보기도 한다고 합니다. 근무 중에 여직원이 말하다가 울먹이면 무조건 말을 끊고 나중에 다시 와서 이야기하라고 한다고 합니다. 그러면 처음엔 자신을 굉장히 차갑고 냉혹한 상사라고 생각하지만, 나중에는 오히려 감정 조절을 잘하게 되고 강해진 느낌이라며 고마워한다고 합니다. 눈물이 여자의 무기인 시대는 이제 지난 겁니다.

　하지만 눈물이나 울음이 심리에 미치는 긍정적인 영향이나 효과는 여전히 무시할 수 없을 만큼 크고 강합니다. 《공중 정원》으로 유명한 일본 작가 가쿠다 미쓰요의 소설 중에 《내일은 멀리 갈 거야》라는 작품이 있습니다. 주인공인 여고생은 같은 학교 남학생을 절절히 짝사랑하는 중입니다. 그러느라 마음이 너무 힘들 때면 그녀는 자기가 만든 '도와줘 놀이'를 합니다. '도와줘 놀이'는 어느 때고 가만히 '도와줘'라고 혼잣말을 하면 불쑥 눈물이 솟는 놀이입니다. 눈물이란 게 마음 먹는다고 금세 솟는 것은 아니지만, 감수성이 풍부한 여고생이어서 그런지 주인공에게는 다행히 언제든 "누구에게 무엇을 도와달라는 것인지 이렇다 할 이유도 전혀 없이 무심코 '아, 피곤해'라고 중얼거릴 때처럼 '도와줘'라고 중얼거리면 불쑥 눈물이 솟"는 능력이 있습니다. 따라서 내킬 때마다 아무 때고 놀이를 할 수 있는데, 때로는 눈물이 솟은 김에 아예 한껏 울어버리기도 합니다. 그러면 "마치 단기간의 다이어트에 성공한 것처럼 몸도 마음도 상쾌하기 이를 데 없어"집니다.

《슬픈 카페의 노래》, 《마음은 외로운 사냥꾼》 등으로 유명한 미국의 여성 작가 카슨 매컬러스(Carson McCullers)의 소설에도 긍정적인 눈물이 나옵니다. 그녀의 단편소설 중에 〈불안감에 시달리는 소년〉이라는 작품이 있습니다. 주인공인 휴는 고등학교 남학생입니다. 어느 날 학교를 마치고 집에 왔는데 엄마가 보이지 않자 극도로 불안해합니다. 하지만 엄마는 곧 슈퍼마켓에서 돌아옵니다. 그저 잠깐 뭔가를 사러 갔다 온 것이었습니다. 휴는 제 방으로 돌아와 갑자기 눈물을 흘립니다. 엄마가 동생을 유산한 뒤 상실감으로 자살을 시도했을 때에도, 그래서 정신병원에 입원했을 때에도, 아버지가 옆에서 울 때에도 흘리지 않았던 눈물이었는데, 이제 어머니가 퇴원을 해서 다른 엄마들처럼 그저 잠시 슈퍼마켓을 다녀왔을 뿐인 평범한 순간에 갑자기 걷잡을 수 없이 눈물을 쏟은 겁니다.

그 갑작스런 눈물의 이유는 다음 장면에서 알 수 있습니다. 그날 저녁 집에 돌아온 아버지는 휴를 가만히 뒤뜰로 불러내서는 이렇게 말합니다. "네가 그토록 힘든 시기를 거치면서도 훌륭하게 행동했다는 걸 아빠 잘 알고 있다. 너한테 그 말을 해주고 싶었단다. 넌 훌륭했어." 그 순간 휴는 "서쪽 하늘로 저녁놀이 사라지면서 뜰에는 어둠이 깔리고, 부엌에서는 전등불빛 속에서 엄마가 저녁밥 짓는 모습"을 보게 됩니다. 그러곤 마음 안에서 "뭔가가 마침표를 찍었다는 걸" 느낍니다. 그토록 무겁게 마음을 짓누르던 공포와 분노와 불안이 마침내 끝났다는 것을 느낀 겁니다. 낮에 갑자기 터진 눈물은 바로 그 마침표를 감지한 몸과 마음이 미리 터뜨린 축하의 불꽃놀이 같은 눈물이었던 겁니다.

눈물에 정화 작용, 카타르시스의 힘이 있다는 것은 너무나 잘 알려진 사실입니다. 그 힘 때문에 울고 나면 그야말로 '어려운 다이어트에 성공한 듯' 몸과 마음이 홀가분하고 상쾌해지기도 합니다. 눈물은 인간 심리에 크고 중요한 도움이 됩니다. 슬플 때는 눈물을 흘리는 것이 정상입니다. 남들 앞에서 너무 자주 울어서는 곤란하지만, 혼자 있을 때 굳이 울지 않으려고 애쓸 필요는 없습니다. 때로는 울기 위해서 일부러 슬픈 영화를 보는 게 심리 건강에 좋을 정도입니다. '눈물'은 참으로 유익한 '위안'이자 '치료제'라 할 수 있습니다. 그래서 일찍이 19세기 프랑스 시인 알프레드 드 뮈세(Alfred de Musset)가 "이 세상에서 나에게 남은 유일한 재산은 내가 이따금 울었다는 것이다."라고 '눈물'을 재산 목록에 넣었던 게 아닐까요.

동양인의 심리, 서양인의 심리

프랑수아 줄리앙(François Jullien)은 그리스 철학을 전공한 철학자지만, 중국 철학에도 조예가 깊어 서양과 중국에 관한 비교서도 많이 펴냈습니다. 《사물의 성향》도 그중 하나인데, 그 책에 나오는 중국과 서양의 전투 방식 비교가 특히 흥미롭습니다.

이를테면 같은 전투에서도 중국인들은 '전투가 시작되기 직전 상황'에 더 많은 힘과 노력을 들인다고 합니다. 따라서 전쟁 시작 전부터 미리 온갖 수단을 다 동원해 모든 상황을 자기 편에 유리하도록 만들어 둡니다. 반면에 그리스나 서양에서는 '전쟁과 맞닥뜨렸을 때의 직접적인 실전 상황'을 훨씬 더 중요하게 생각합니다. 그래서 전투 형태도 뜻밖의 승리나 패배가 가능한 전면전을 훨씬 더 선호합니다. 동양에서는 거의 찾아볼 수 없는 1대 1 결투라든지, 소규모의 즉흥적인 전투가 많았던 것도 그런 맥락에서 나온 현상이라고 합니다.

심리학자 리처드 니스벳(Richard Nisbett)의 《생각의 지도》에도 동서양의 사고방식이며 가치관을 비교하고 분석한 글이 많습니다. 이를테면 1930년대 미국의 초등학교 교과서에는 이런 연습 문장들이 실려 있었다고 합니다. "딕(Dick)이 뛰는 것을 보아라. 딕이 노는 것을 보아라. 딕이 뛰면서 노는 것을 보아라." 반면에 같은 시기 중국의 초등학교에 실린 연습 문장은 이랬다고 합니다. "형이 어린 동생을 돌보고 있다. 형은 어린 동생을 사랑한다. 그리고 동생도 형을 사랑한다." 언어를 본격적으로 배우기 시작한 초등학교 아이들에게 가르쳐주는 문장만 봐도, 서양은 독립된 개체의 개인적 행위에 중점을 두고 동양은 아이와 주변 인물의 관계와 맥락에 초점을 맞춘다는 겁니다. 같은 맥락에서 중국어에는 영어의 'Individualism'에 해당하는 정확한 단어가 존재하지 않는다고 합니다. 그나마 가장 근접한 단어로 '개인주의'가 있는데, 이 단어는 이기적이라는 뉘앙스에 가깝습니다. 일본어도 관계와 맥락을 중시하는 특징이 있습니다. 이를테면 '나'란 말은 '와타시(私)', '보쿠(僕)', '오레(俺)' 등 대화의 맥락이나 상대와의 관계에 따라서 각각 다른 단어로 표현됩니다. 자기 자신을 가리키는 '지분(自分)'이란 말도 '집단에서의 내 부분'을 의미합니다. 서양에서는 개인의 행위나 느낌, 개성을 중요시하고, 동양에서는 개인보다는 집단 전체 속에서의 자기 자신을 훨씬 중요하게 여긴다는 겁니다. 이렇듯 어려서부터 배운 것과 오랜 역사를 거쳐 온 생활 환경이며 사고방식이 완전히 다르니, 동양인과 서양인의 기본 심리에도 큰 차이가 있을 수 있습니다.

그런데 이제는 워낙 국제화된 시대여서 그럴까요. 요즘은 친구 사이나 심지어 가족 간에서조차 동양과 서양의 심리 차이를 느끼게 되는 경우도 많습니다. 형은 형제끼리는 정신적으로나 물질적으로 서로 도와야 한다는 동양식 심리를 갖고 있는데 동생은 아무리 형제라도 정신적으로나 물질적으로는 완전한 독립체여야 한다는 서양식 심리를 갖고 있다든지, 이성 친구 중 한쪽은 여전히 혼전 순결을 중요시하는 한국적인 정서의 소유자인데 다른 한쪽은 결혼보다 동거가 더 합리적이라고 확신하는 미국식 사고방식을 갖고 있다든지, 기본 심리가 동서양의 거리만큼 차이가 날 때도 많습니다. 그러니 주위 사람들과 잘 지내려면 이제는 동양인이라고 동양적인 심리만 알거나 한국인이라고 한국적인 심리만 이해하면 안 되는 시대인 셈입니다.

지역이나 인종이며 나라에 따른 세분화된 심리 이해도 여전히 중요하겠지만, '인간'이라는 보편적인 동일성에 대한 심리 연구와 이해도 더욱 중요한 시대가 아닐 수 없습니다.

말실수에도 규칙이 있다

"술라 푼타 델라 링구아." "옵 디푼트 반 마이 통." "쀠일리이 오투싸 뻴." "나보노투우치아."

이게 다 무슨 말들일까요? 아프리카 토속어쯤 될 것 같은 이 말들은 어떤 한 문장을 이탈리아어, 아프리카 부족어, 에스토니아어 등으로 표현한 것들입니다. 영어로는 'on the tip of the tongue', 우리말로는 '혀끝에서 맴돌다'라고 하지요. 어떤 말이 정확히 생각이 안 나고 갑갑하게 머리나 입안에서만 맴돌 때 쓰는 표현들입니다. 각 표현들에는 '혀'라는 공통된 단어가 사용되고 있습니다. 그 공통점을 찾아낸 심리학자 베넷 슈워츠(Bennett Schwartz)는 이렇게 '선뜻 입 밖으로 나오지 않는 말 때문에 느끼는 갑갑함'을 뜻하는 표현 중에 한국어의 '혀끝에서 맴돌다'가 가장 시적이라고 쓰기도 했습니다.

《기억의 일곱 가지 죄악》를 쓴 심리학자 대니얼 샥터(Daniel

Schacter)에 따르면, 이처럼 어떤 이름이나 단어가 혀끝에서 맴돌기만 하고 정확히 생각이 나지 않는 '설단(舌端) 현상'은 일상생활에서 아주 흔하게 일어납니다. 샥터는 영국의 부총리가 텔레비전 중계 중인 연설에서 '복권'이란 말이 떠오르지 않자 대신 '제비뽑기'란 단어를 사용했던 일 등 많은 사례를 소개하기도 했습니다.

실제로 우리도 참 자주 경험하는 일입니다. 동창회에 갔다가 학창시절 친하게 지냈던 친구를 보는 순간 "야, 너!" 하고 아는 척을 했는데 이름이 떠오르지 않아서 미안했던 경험이며, 친구의 이름을 댄다는 게 그만 "너 김순철이지!" 하고 옆에 계신 담임 선생님의 이름을 불러버리는 일, 드물지 않습니다. 제가 아는 한 유명 방송인은 어느 날 프로그램 진행을 마치고 "지금까지 진행에 ○○○였습니다." 하고 끝인사를 하려고 하는데, 갑자기 자기 이름이 기억이 안 나더랍니다. 순간적으로 너무나 당황스러웠지만 그래도 오랜 경력을 통해 쌓은 순발력으로 얼른 말했다고 합니다. "제 이름은…… 내일 가르쳐드리겠습니다."

얼핏 생각하면 기억력의 문제 같지만, 샥터는 설단 현상이 기억력과는 조금 다른 차원의 문제라고 주장합니다. 엄밀히 말하자면 '정신없고 어수선할 때 일어나는 망각'이나 기억에서 완전히 사라져버리는 '소멸성 망각'과는 다르다고 합니다. 망각이라기보다 차라리 망각과 기억의 경계선에서 아주 아슬아슬하게 살아남은 기억이 일으키는 현상이라는 겁니다. 분명 머릿속 어딘가에 숨어 있어서 건드리기만 하면 튀어나올 것 같은데 정작 필요한 순간엔 기억의 바깥에 있는 것. 혹은 그 반대로 분명히 기억에서 완전히 지웠다고 생각했는데 생각지도 않은 엉뚱한 순간에 갑자기 기억에서 튀어나오는 '아슬아슬한 생존자들'이라는 겁니다. 그런 아슬아슬한 생존자들은 전혀 생각나지 않는 소멸성 망각보다 훨씬 더 크고 초조한 짜증을 가져다 줍니다.

아슬아슬한 생존자들 중에서도 가장 크고 초조한 짜증을 가져다주는 것은 역시 사람 이름 같은 고유명사라고 합니다. '고유명사 막힘'이라는 명칭이 따로 있을 정도입니다. 막히는 것만이 아닙니다. 고유명사들은 이상하게도 위치 또한 제멋대로 바뀌기 쉽다고 합니다. 이를테면 "철수가 영희에게 꽃을 주었대."라는 말이 자신도 모르게 "영희가 철수에게 꽃을 주었대."로 바뀌어 나오는 겁니다.

그런데 이 오류의 경우 신기하게도 '철수가 영희에게 준 꽃'을 '영희가 철수에게 주었다'거나 '철수가 숙희에게 주었다'는 식으로 고유명사끼리 바꾸기는 해도, '철수가 꽃에게 영희를 주었다'라거나 '영희가 꽃에게 철수를 주었다'라는 식으로 고유명사와 보통명사를 혼동해서 말하는 경우는 극히 드물다고 합니다. 무심코, 무의식적으로

하는 말실수에도 나름대로의 일정한 규칙이 있는 겁니다.

실단 현상 같은 인간의 언어 실수를 처음으로 심리와 연계된 분석 대상으로 삼은 학자는 프로이트입니다. 프로이트는 이를테면 '플라스틱'을 '플라틱스'라고 말하는 실수도 단지 발음이 비슷해서 생기는 혼동이 아니라 특정한 배경을 가진 무의식의 조종 때문이라고 주장합니다. 하지만 20세기 최고의 언어학자로 꼽히는 페르디낭 드 소쉬르(Ferdinand de Saussure)의 주장은 다릅니다. 소쉬르는 모든 말실수는 무의식이나 나이 같은 언어 외적인 요인 때문이 아니라, 앞에서 든 예문처럼 고유명사끼리는 뒤바뀌어도 고유명사와 보통명사는 서로 뒤바뀌지 않는 식으로 애초에 언어 자체에 어떤 규칙성이 내재되어 있기 때문에 유발되는 것이라고 주장합니다.

인간의 무의식 대 언어 자체의 독립적인 규칙성의 대결이라 할 수 있습니다. 어느 쪽 주장이 더 타당할까요? 타당성을 논하는 일이야 전문가의 몫이겠고 우리로서는 설단 현상이나 고유명사 막힘 등이 일으키는 오해나 실수에 더 신경을 쓸 일입니다. 철수가 영희에게 꽃을 줬는데 그걸 숙희에게 준 것으로 잘못 말하면 자칫 세 남녀를 본의 아니게 삼각관계 속에 빠뜨릴 수도 있으니 말입니다. 저도 방송작가 생활 초기에 작가들 사이에서 오해를 받은 적이 있습니다. 두 남녀 방송작가가 결혼을 앞둔 상황이었는데, 갑자기 제가 그 남자

작가를 좋아했는데, 결혼 소식에 충격을 받아 저도 곧 결혼을 할 거라는 소문이 돈 겁니다. 저로선 그 남자 작가를 이성으로서 좋아해본 적도 없을뿐더러 결혼 자체에도 전혀 관심도 뜻도 없을 때였는데, 충격을 받아서 결혼을 한다니 정말 어이가 없고 분하기까지 했습니다.

다행히 며칠 안 가서 소문의 진원지가 밝혀졌는데, 더 어이가 없게도 소문을 낸 사람은 바로 결혼을 앞둔 남자 작가 본인이었습니다. 술자리에서 제가 아닌 다른 동료 이름을 대려다 실수로 제 이름을 잘못 말했는데 아는 사람들이 놀라는 게 재미있었답니다. 그래서 그냥 두었는데 나중에 보니 소문이 나 있더라는 것이었습니다. 그래도 저에게 미안하다고 직접 사과를 하기에 그냥 넘어가긴 했지만, 한동안은 정말 어이가 없었습니다.

그렇게 자신의 의지와 상관없이 막히기도 하고 엉뚱한 자리에서 튀어나오기도 해서 상황을 뒤바꾸는 고유명사들을 생각하면, 때로 인간의 뇌가 혀에 있는 게 아닐까 싶기도 합니다.

이름의 심리학

제 이름은 아주 흔한 편입니다. 고등학교 2학년 때는 같은 반에 저까지 김경미가 모두 세 명이나 있었습니다. 그중 한 명과는 심지어 출석번호도 연속된 번호였고 앉는 자리도 한 책상이었습니다. 어떤 선생님은 출석을 부르시면서 "너희 둘 선생님 애 먹이려고 일부러 이랬지?" 하고 농담도 하셨는데, 사실은 새 학년의 첫날 이름도 모르는 상태에서 담임 선생님이 키를 맞춰 세워주는 대로 섰다가 나란히 앉게 된 것이었습니다. 제 짝이었던 김경미는 얌전하고 여성스러워 보이는 인상과는 달리 무단결석과 가출이 잦았는데, 덕분에 가출 열망을 차마 실현하지 못하고 억누르고만 있던 제게는 마치 두 명으로 증식한 제가 두 개의 생을 동시에 사는 듯해서 재미있기도 했습니다.

대학 시절 활동했던 대학 방송국에도 성은 다르지만 이름이 같은 친구가 있었습니다. 그 친구와는 지금도 가깝게 지내는데, 전화를 걸 때마다 서로 "경미니? 나 경미야." 하면서 쑥스러우면서도 재미있다는 듯 풋, 하고 웃는 것이 거의 항상 첫인사입니다. 자신과 같은 이름을 부르는 일은 약간 쑥스러우면서도 더 다정하고 친근한 듯 느껴지는 것이 사실입니다.

그런데 이상합니다. 그렇게 이름이 같은 친구를 '입으로 소리 내어 부를 때'는 자기가 자기 이름을 부른다는 것이 또렷이 의식됩니다. 그래서 쑥스럽기도 하고 더 친근한 느낌이 들기도 합니다. 하지만 그 친구를 '머릿속으로만 떠올릴 때'는 그렇지 않습니다. 그럴 때는 나와 이름이 같다는 사실은 거의 의식되지 않고 그 친구만의 얼굴이나 모습, 표정이나 말투 같은 것들이 먼저 떠오릅니다. 이름이 다른 친구들을 떠올릴 때와 하등 다를 바가 없는 겁니다. 꼭 자신의 경우만이 아니라 이름이 같은 친구가 두 명 있을 경우에도 마찬가지입니다. 예를 들어 제게 이름이 '성희'인 친구가 두 명이라고 한다면, 입으로 소리 내어 두 친구에 대한 이야기를 할 때는 두 친구의 이름이 같다는 것이 의식됩니다. 하지만 머릿속으로 떠올릴 때는 전혀 다른 두 사람이 떠오를 뿐입니다. 그래서 때로는 두 사람이 이름이 같다는 걸 몇 년이 지나서야 새삼 실감할 때도 있습니다. 왜 그럴까요? 입으로 부를 때는 같은 이름이란 게 쉽게 느껴지고 의식되는데, 머리로 생각할 때는 전혀 다른 두 사람이 떠오르는 것 말입니다.

전문가들에 따르면 입이나 귀는 음성의 표면적인 음가를 중요시하지만, 뇌는 내용을 먼저 받아들이고 더 오래 기억하기 때문이라고 합니다. 뇌가 음성보다 '내용'을 먼저 받아들이고 더 오래 기억한다는 점을 입증해주는 심리 실험 중에 일명 '베이커-베이커 패러독스'라는 실험이 있습니다. 심리학자가 A, B로 나눈 두 그룹에 각각 낯선 남자의 사진을 보여줍니다. 그 남자들은 직업과 이름이 같습니다. 즉 어떤 남자는 이름이 '베이커(Baker)'인 동시에 직업도 '베이커(제빵사)'이고, 어떤 남자는 직업이 '포터(짐꾼)'이면서 이름도 '포터(Porter)'입니다. 그들의 사진을 보여주면서 A그룹에게는 남자의 '이름'만을 가르쳐주고, B그룹에게는 남자의 '직업'만을 가르쳐줍니다. 그런 다음 나중에 실험 참가자들이 사진 속 인물을 어느 정도 기억하는지를 조사했지요.

그러자 베이커나 포터라는 '이름'을 가진 남자보다 베이커나 포터 같은 '직업'을 가진 남자를 기억하는 비율이 훨씬 더 높게 나타났다고 합니다. 이름이 한 사람을 다른 사람과 구별해주는 기표라면, 직업은 한 사람을 구체적이고도 선명하게 알려주는 내용물이라고 할 수 있습니다. 그러니 직업 쪽을 더 잘 기억했다는 것은 바로 뇌가 내용물을 더 잘, 더 오래 기억한다는 증거인 겁니다. 물론 어디에나 예외가 있듯이 유명 인사들은 좀 다릅니다. 그들은 이름 자체가 곧 내용물이 된 사람들이라서 이름 자체가 직업보다 더 먼저 떠오르기도 합니다.

흔히 동양의 사주 역학에서는 애초에 이름 자체에 이미 그 사람의 인생 내용물이 담긴다고 믿습니다. 이름에 따라서 인생이 달라진다는 겁니다. 그래서 작명을 중요시하지요. 동양에서만이 아닙니다. 서양의 현대 심리학자 중에도 '댄'이란 이름을 가진 사람이 덴티스트(dentist), 즉 치과 의사가 될 확률이 훨씬 높다는 식으로 이름이 그 사람의 미래의 직업과 삶을 좌우한다고 주장하는 학자도 있습니다.

그런 주장을 믿는 이라면 일이 잘 안 풀리고 인생이 자꾸 어긋나는 느낌일 때 운명을 바꾸듯 이름을 바꿔보고 싶은 유혹을 느낄 만도 합니다. 하지만 막상 이름을 바꿨어도 달라진 게 없다는 이들도 많습니다. 가장 중요한 것은 누가 뭐래도 자신이 자기 이름에 스스로 채워 나가는 내용물일 겁니다. 그 과정에서 이름 때문에 더 좋은 해석이나 나쁜 핑계거리를 얻을 수도 있겠지만, 직업이 됐든 인생이 됐든 내 이름에 나만의 내용물을 채워나가는 건 결국 다 자기 하기 나름이 아닐까 생각됩니다.

사랑하면 언어 습관도 닮는다

 어느 날 갓 결혼한 후배 방송작가가 처음으로 부부싸움을 했다면서 찾아왔습니다. 싸움의 이유는 남편이 전화로 연구실 후배를 야단치면서 욕을 쓴 것이었답니다. 남자들끼리 흔히 쓰는 욕이었지만 그래도 자신에겐 커다란 충격이고 실망이었다는 것이었습니다. "결혼이 너무 성급했나 봐요." 후배는 울먹이기까지 했습니다.
 하지만 몇 달 후에 그 후배의 차를 타고 가다가 운전을 하던 후배가 난폭하게 끼어드는 앞차 운전자를 향해 험한 욕을 하는 걸 들었습니다. 깜짝 놀라서 "너 같은 애도 운전 때문에 입이 거칠어지는구나?"라고 묻자, 그게 아니라 어느덧 남편이 하는 욕을 장난삼아 따라 쓰게 됐다는 것이었습니다.
 제가 아는 한 잡지사 여기자는 회사 책상 앞에 어떤 날짜를 커다랗게 써서 붙여놓았습니다. 그녀가 세상에서 제일 끊기 어렵다고 생각하는 것을 끊기 시작한 날짜입니다. 그분은 중고생 두 아들의 어머니인데, 그동안 아들들에게 가장 불만스러웠던 점이 두 녀석의 화가 난 듯 내뱉는 말투였다고 합니다. 그런데 어느 날 두 녀석의 말투가 고스란히 자신에게서 옮겨간 것이라는 사실을 깨달은 겁니다. 바로 그날 날짜를 책상 앞에 써서 붙이고 매일 속으로 다짐하면서 쳐다본다고 합니다. "내 말투가 먼저 바뀌어야 한다. 내 말투를 먼저 바꾸어야 한다."

가까운 사람끼리는 사용하는 언어도 점점 비슷해지기 마련입니다. 혹은 언어 습관이 비슷해서 쉽게 가까워지기도 합니다. 언어는 그 사람의 내면 성향을 반영하는 것이니 당연합니다.

미국 텍사스 대학의 심리학 교수인 제임스 펜베이커(James Pennebaker)는 '언어 스타일 어울림 현상'을 주장하는 심리학자입니다. '언어 스타일 어울림 현상'이란 사람들의 언어가 관계가 놓인 상황에 따라서 비슷해지기도 하고 크게 달라지기도 한다는 이론입니다. 즉 사람들의 관계가 좋을 때는 사용하는 언어도 서로 비슷합니다. 하지만 관계가 나쁠 때는 경멸감을 나타내는 공통된 단어를 쓰기는 할지언정 주로 사용하는 언어가 서로 크게 다릅니다. 이를테면 프로이트와 융은 7여 년 동안 편지를 주고받았는데, 사이가 좋을 때는 편지 속에 등장하는 명사나 대명사 등이 대개 비슷합니다. 하지만 학문적으로나 인간적으로 사이가 나빠진 후로는 경멸적인 뉘앙스를 담은 단어를 제외하면 사용하는 언어들이 서로 크게 달라집니다. 시인 실비아 플라스와 테드 휴즈 부부의 편지를 분석한 결과 역시 마찬가지라고 합니다.

꼭 실제로 아는 사이이거나 직접 대면하는 관계에서만 그런 것은 아닙니다. '언어 스타일 어울림 현상'은 영화나 텔레비전에 등장하는 특정 인물을 좋아하는 관객이나 시청자들에게도 일어날 수 있다고 합니다. 정말 좋아하는 배우나 등장인물이 쓰는 말이나 말투를, 의식적으로 흉내 내는 차원을 넘어서서 자신도 모르게 따라하는 겁니다. 언어의 전이 현상이랄까요. "같은 농담을 듣고 웃는 부부는 헤어질 염려가 없다."는 말도 괜히 생긴 게 아닙니다.

'언어 스타일 어울림 현상'은 역이용도 가능합니다. 비슷한 언어를 사용함으로써 좋은 관계를 만들어내는 겁니다. 아이들과 놀아줄 때 아이와 비슷한 어린 말투를 사용하면 아이들과 훨씬 쉽게 가까워질 수 있는 식입니다. 물론 어른들을 상대로 역이용할 때는 조심해야 합니다. 자칫 상대에게 흉내를 낸다는 느낌을 주면 좋은 관계는커녕 오히려 상대방이 조롱을 받는다고 생각해서 관계가 더 악화될 수도 있으니까요.

통하려면 솔직하게 말하라

 사람들이 2만 원짜리 계산기를 사기 위해 상점에 갑니다. 그런데 상점 입구에서 만난 이웃 사람이, 좀 떨어진 다른 상점에서는 같은 걸 절반이 싼 만 원에 판다고 알려줍니다. 그 말에 어느 정도의 사람들이 걸음을 돌렸을까요? 실험 결과 약 68퍼센트의 사람들이 걸음을 돌렸습니다.

 다음은 30만 원짜리 시계를 사러 상점에 들어서려는 이들에게 알려줍니다. 좀 떨어진 상점에서는 같은 시계를 29만원에 판다고요. 이번엔 어느 정도의 사람들이 걸음을 돌렸을까요? 약 30퍼센트였습니다. 액수로만 보면 양쪽 다 똑같이 만 원을 절약할 수 있으니 걸음을 돌리는 비율도 비슷하게 나와야 하는데, 절반이나 차이가 나는 결과가 나온 겁니다.

 실험을 주도한 두 명의 심리학자 에이머스 트버스키(Amos

Tversky)와 대니얼 카너먼(Daniel Kahneman)은 이런 현상을 '심리학적 대차대조 현상'이라고 규정했습니다. 사람들은 이익을 얻을 수 있는 경우 이왕이면 더 큰 이익을 바랍니다. 그런데 막상 심리적으로는 실제 이익의 수치보다 '절반이 싸다'든지 '30만 원짜리를 29만 원에 판다' 같은 언어 표현상의 대차대조에 더 많이 좌우되는 겁니다. 절반이 싸다는 말을 들으면 절약되는 액수에 상관없이 '50퍼센트나 이익이 된다'는 생각을 먼저 하고, 30만원에서 29만원이라고 하면 '30분의 1이 이익이 된다'라고 생각하는 겁니다. 그러니 똑같은 만 원인데도 50퍼센트가 이익이라고 생각되는 경우에 훨씬 더 많이 걸음을 돌리는 겁니다.

사람들이 말에 담긴 내용 못지않게 말이 주는 느낌에 얼마나 크게 좌우되는지를 실감할 수 있습니다. '아'와 '어'는 당연히, 확실히 다른 단어인 겁니다. 그러니 말은 가장 조심스럽게 쓰고 들어야 할 도구가 아닐 수 없습니다.

하지만 때론 조심성보다 솔직함이 더 중요할 때도 있습니다. 수전 캠벨은 '솔직하게 살기'와 '진실의 살롱'이라는 모임을 이끄는 솔직 심리 전문가입니다. 그녀가 쓴 《솔직함의 심리 버튼》이라는 책에는 이런 경험담이 나옵니다. 어느 날 그녀가 100대 기업에 속하는 한 회사의 사원들을 대상으로 회사에 대한 설문 조사를 실시했습니다.

그리고 조사 결과를 자신과 회사 대표가 일 주일 동안 각자 검토한 뒤 만나기로 했습니다. 그런데 만나기로 한 날 회사 대표가 너무 바빠서 조사 결과를 전혀 검토하지 못했다고 합니다. 그녀는 기분이 나빴지만 속마음과는 다르게 오히려 위로의 표정을 지어 보였습니다. 그러나 곧 이건 아니라는 생각이 들었습니다. 그녀는 잠시 자리를 떠나 호흡을 가다듬은 뒤 돌아와 회사 대표에게 솔직하게 말합니다. "읽어 오기로 약속한 설문 조사 결과를 읽어 오지 않았다는 게 실망스럽고 화가 나요."라고 말이지요. 그러자 불쾌한 반응을 보일 줄 알았던 회사 대표가 뜻밖에 오히려 반색을 하며 말했다고 합니다. "고마워요. 나는 그런 소리를 좀 들어야 해요." 그 후의 회의는 기대 이상으로 효과적이었다고 합니다.

캠벨은 솔직함을 "상대방에게 마음을 열고 내 감정과 생각을 순수하게, 있는 그대로 전달하면서 상대방과 터놓고 소통하려는 노력"이라고 정의합니다. 이왕이면 듣기 좋고 하기 좋은 말이 좋겠지만, 때로 기분이 상할지언정 서로 솔직하게 말하고 들으려는 노력도 말을 조심스럽게 하는 노력만큼이나 값지지 않을 수 없습니다.

표정만으로는 마음을 알 수 없다

프랑스 작가 안나 가발다(Anna Gavalda)의 《나는 그녀를 사랑했네》에 나오는 시아버지는 어느 날 자신을 무뚝뚝하며 오만한 사람이라고 여기는 며느리에게 자신의 속마음은 그렇지 않음을 털어놓습니다. 자신의 무뚝뚝함은 수줍음이나 소심함의 다른 표현이며, 자신은 단지 "사람들이 자신을 좋아하게 하는 방법을 몰라 사장으로서 임금 인상과 같은 좋은 소식을 알려주는 경우에도 말투가 퉁명스럽게 나간다."는 겁니다. 그런 퉁명스러움으로 그는 어느 날 비서에게 이렇게 말하기도 합니다. "이봐, 가서 직원들에게 말해. 나는 곰살궂지도 않고 이해심이 많지도 않지만 그들이 일자리를 잃는 일은 없을 거라고 말이야." 그는 사장으로서 25년 동안 그 말을 실제로 지킵니다.

21세기 행동심리 연구소가 펴낸 《마음을 정복하는 오피스 심리학》에는 이런 사례가 나옵니다. 사무실에서 두 사람이 마주보고 있습니다. 한 사람은 미소 띤 표정이고 한 사람은 무뚝뚝한 표정입니다. 그러면 사람들은 대개 무뚝뚝한 쪽을 화가 났거나 낙담한 사람으로, 미소 띤 사람을 여유 있고 너그러운 사람으로 판단합니다. 하지만 실제 상황에서는 그 미소가 상대를 화나게 만드는 비웃음일 수도 있습니다. 이번엔 직장 상사가 부하 직원에게 미소를 띤 채 이야기를 하고 있습니다. 역시 사람들은 생각합니다. "상사가 참 상냥하고 친절한가 보다." 하지만 이 경우에 상사가 짓고 있는 미소는 상사 본인이 아닌 앞에 선 부하 직원의 표정으로 가늠해야 합니다. 상사의 미소가 부드러운 친절의 미소가 아니라 빈정거림이나 어이없음의 미소일 수도 있기 때문입니다.

심리학자 장 피아제(Jean Piaget)가 한 실험 중에 아이들이 갖고 놀던 장난감을 방석 밑으로 감추는 실험이 있습니다. 실험 결과 생후 10개월 정도까지의 아이들은 갖고 놀던 장난감이 눈앞에서 사라지면 장난감이 없다고 생각해서 더는 장난감을 찾지 않습니다. 하지만 생후 10개월이 넘으면 방석을 들춰본다든지 하면서 사라진 장난감을 찾기 시작합니다. 아이들을 대상으로 한 또 다른 실험으로 구슬 열 개를 갖고 한 실험도 있습니다. 똑같은 구슬 열 개를 한곳에는 반듯하게 모아놓고 한 곳에는 어지럽게 흩어놓습니다. 그러면 일곱 살 정도까지는 흩어놓은 구슬이 더 많다고 생각합니다. 하지만 여덟 살이 넘으면 구슬 개수가 같다든지, 세어봐야 안다든지 하는 생각을 할 줄 알게 됩니다. 어릴수록 사물을 눈에 보이는 순간적인 인상이나 느낌만으로 판단하고, 성장할수록 눈에 보이지 않는 상황이나 현상까지를 포함해서 파악할 줄 알게 되는 겁니다.

멀리서 보는 상황이나 한 사람의 내면은 실제와 정반대이거나 많이 다를 수도 있습니다. 한 면으로는 무뚝뚝하고 거만해 보이는 사람이 다른 면으로는 누구보다 정이 깊고 사려 깊을 수도 있습니다. 고약한 말투 뒤에 상처 입은 영혼이 웅크리고 있을 수도 있고 늘 웃는 표정인 사람의 내면에 실은 거대한 분노가 쌓여 가고 있을 수도 있습니다. 성숙해진다는 것은 자신이든 타인이든 모든 인간의 심리에는 다면체적인 본질이 있다는 것을 이해하고 적용할 줄 안다는 뜻이겠습니다.

차를 살 때 무채색을 고르는 이유

얼마 전 한 문학 관련 심사에 참여하러 가던 날이었습니다. 날씨가 갑자기 스산해진 데다가 시간도 촉박해 손에 잡히는 대로 입고 나선 옷이 빨간색 원피스였습니다. 그런데 정류장으로 가다가 생각해보니 하필 전날 바꿔 든 커다란 가방도 빨간 가방입니다. 좀 창피한 기분이었지만 시간이 늦었으니 그냥 갔습니다. 심사를 보다가 시내에서 약속이 잡혀서 저녁 무렵 건물을 나서려는데 비가 심하게 쏟아집니다. 직원이 얼른 사무실로 올라가서 우산을 가져왔습니다. 무슨 행사 로고가 새겨진, 골프 우산같이 큰 빨간 우산이었습니다. 장대비를 맞으면 맞았지 저건 못 들겠다 싶으면서도 한편으론 웃음이 나왔습니다.

그 색깔이 전부 검정색이었다면 아무렇지도 않았을 겁니다. 빨간색은 열정적이지만 한편으로는 너무 요란하거나 촌스럽게도 느껴집니다. 하지만 심리학자 앤드루 엘리엇(Andrew Eliot) 등의 색채 심리 조사에 따르면, 같은 사람에게 빨간색과 파란색 옷을 입혔을 때 이성들이 호감을 느끼면서 의자를 좀 더 가까이 당겨 앉을 때는 빨간색 옷을 입은 때였습니다. 스무 살 안팎의 젊은 여성들에게 일곱 가지 정도의 다른 색깔 옷을 입힌 한 남성의 사진을 보여주었을 때도 빨간색 옷을 입었을 때의 호감도가 가장 높은 것으로 나타났습니다. 실제로는 빨간색 옷을 입은 남성에게는 오히려 거부감이 들 듯도 한데 사진에서 받는 느낌은 다른 걸까요? 아니면 사진 속 남성이 빨간 옷이 워낙 잘 어울리는 남성이었던 걸까요? 혹시 심리적으로 호감을 느끼는 색깔은 빨간색이지만, 빨간색에 부여된 고정관념 때문에 사람들이 자신의 심리에 솔직하지 못해서는 아닐까요?

색깔에 대한 고정관념에 관해서라면 자동차 색깔 이야기를 빼놓을 수 없습니다. 1990년대 중반 우리나라의 한 자동차 공장에서는 잔뜩 준비해놨던 보라색이며 초록색, 분홍색의 자동차용 페인트를 모두 다 버려야 했다고 합니다. 처음으로 보라색 차, 분홍색 차, 초록색 차 등의 유채색 차를 출시하고 야심차게 판매를 시작했건만 소비자들의 호응이 전혀 없어서였습니다. 20여 년이 지난 지금도 아마 다르지 않을 겁니다. 그때에 비하면 일상생활에 사용되는 색채들이 훨씬 다양하고 화려해졌지만 자동차만큼은 검정이나 흰색 같은 무채색 자동차가 여전히 전체 자동차 판매 비율의 90퍼센트 가량을 차지한다고 합니다. 그러니 1990년대의 유채색 자동차 마케팅은 얼마나 때 이른 무리수였을까요.

그렇듯 우리나라 사람들이 자동차만큼은 무채색을 심하게 고집하는 이유는, 전문가의 분석에 따르면 유교의 영향으로 무채색을 고급스러운 색으로 여겨 온 전통적인 색채 인식 때문입니다. 그리고 무엇보다 '남의 눈에 두드러지지 않으려는 한국인 특유의 심리 성향과 체면 의식' 때문입니다. 우리나라 사람들은 남들 앞에서 체면이 손상되는 것을 굉장히 두려워하고 꺼리지요. 그런데 우리나라 도로에서는 크고 작은 교통사고가 빈번할뿐더러, 사고가 난 경우 운전자들이 차에서 내려 도로를 막아선 채 언성을 높이고 다투는 일도 많습니다. 싫어도 그렇게 되는 경우가 많습니다. 그런데 차 색깔이 유난히 눈에 띄면 그 차주인은 훨씬 쉽게 기억되고, 체면이 손상될 확률도 훨씬 높아집니다. 그렇기 때문에 처음부터 최대한 눈에 띄지 않는 자동차 색깔을 택한다는 겁니다.

처음부터 도로에서 벌어질 시비나 다툼을 예상해서 무채색 자동차를 선택한다? 좀 과장된 분석인 듯도 합니다. 하지만 유난히 눈에 띄는 차 색깔 때문에 사생활 노출이나 프라이버시 침해 가능성이 높아지는 것은 사실입니다. 제가 사는 아파트에는 연두색 차가 한

대 있는데, 워낙 눈에 띄는 색깔이라 굳이 애쓰지 않아도 차를 타고 내리는 차 주인의 얼굴이며 주차 위치와 출입 여부도 저절로 알게 됩니다. 집 근처 스포츠센터 주차장이며 슈퍼마켓 같은 데서도 차가 한눈에 들어오는 바람에 차츰 차 주인의 생활 시간대나 동선도 저절로 짐작하게 됩니다. 유난한 색깔에는 자신만의 개성을 한껏 표현할 수 있다는 긍정적인 효과 못지않게 사생활은 물론 체면까지 쉽게 손상당할 위험도 높은 겁니다. 하지만 한국인들도 체면 의식에서 점점 더 자유로워지고 있으니, 앞으로는 차 색깔이 더 화려해질지도 모르겠습니다.

저는 원색을 꽤 좋아하는 편입니다. 유치한 색채 감각이라는 눈총을 감수하면서까지 때로는 기꺼이 원색의 옷을 사기도 합니다. 마음 상태가 시원찮을 때에는 대형 문구점에 가서 무지개색 메모지나 형광빛 노트를 사기 일쑤입니다. 색에 대한 유별난 취향 때문이라기보다, 저 먼 어린 시절부터 내면에 잠재되어 온 황량하고 스산한 상처나 결핍에 위안을 주는 것이라고 생각하면서 원색을 좋아하게 되었습니다. 큰돈이 드는 것도 아니고 남에게 큰 피해를 주는 것도 아닌데, 내가 내 방식으로 내 심리를 환하게 밝히려 애쓰는 게 뭐 그리 유치한 일이겠느냐 하는 생각이 듭니다. 물론 원피스에 가방에 우산까지 빨간색인 것은 좀 곤란했지만 말입니다.

맛있는 심리학, 배고픈 심리학

심리학의 중요한 연구 대상으로 음식도 빼놓을 수 없습니다. 그런데 음식과 관련된 심리학 이론 중에 '샤덴프로이데(Schadenfreude)'라는 것은 좀 충격적입니다. '샤덴프로이데'는 '불행'과 '즐거움'이라는 독일어 단어를 합성한 말인데, 남이 잘못되는 걸 보고 고소해하는, '남의 불행은 곧 나의 행복'으로 받아들이는 심술궂은 심리를 뜻합니다. 그런데 '샤덴프로이데' 심리가 되었을 때의 뇌 상태는 아주 맛있는 음식을 즐길 때의 뇌 상태와 거의 흡사하다고 합니다.

맛있는 것을 먹을 때의 뇌와 남이 잘못되는 걸 보고 고소해할 때의 심술궂은 뇌가 같은 상태라니. 맛있는 것을 좋아하는 사람일수록 심술궂은 사람일 확률이 큰 셈일까요?

생각해보면 그럴 법도 합니다. 첫째, 맛있는 걸 좋아하는 사람은 미각이 남보다 좀 더 뛰어난 만큼 맛있는 음식에 대한 기준이나 평가도 좀 더 까다로울 수 있습니다. 까다로움은 아무래도 상대방을 괴롭히는 심술이 되기 쉽습니다. 둘째, 맛있는 음식의 기준은 사람마다 다르겠지만, 대개 사람들이 맛있어하는 음식은 햄버거나 과자나 흰 쌀밥처럼 몸에 좋기보다는 나쁜 것이 더 많습니다. 그러다보니 맛있지만 몸에 나쁜 음식을 먹다가 몸에 독소가 많이 쌓여서 사람들이 실제로 심술궂은 성격으로 변화하는 것일지도 모르겠습니다. 음식과 성격 사이에 깊은 관계가 있다는 것은 이미 입증된 사실입니다. 그러니 '샤덴프로이데' 이론대로라면 요리와 맛집 탐방이 국민적인 취미와 유행이 된 만큼 전 국민의 심술 정도도 함께 높아진 것은 아닌지 걱정스럽기도 합니다. 모두의 심술 정도를 낮추기 위해 '맛있는 음식 먹지 않기', '맛없는 음식 자주 먹기' 운동이라도 벌여야 할지 모르겠습니다.

사실 이런 이야기를 하는 것은 심술 때문만은 아닙니다. 요즘은 음식 재료나 식품들의 오염이 워낙 심하다고 하니, 뭐든 가능하면 안 먹을수록 건강에 좋을 듯도 합니다. 환경 운동가이자 음식 칼럼니스트인 마이클 폴란(Michael Pollan)이라는 사람이 있습니다. 그는 식품과 음식의 오염 때문에 인간의 삶이 얼마나 부정적이고 건강하지 못한 방향으로 진행되고 있는지를 칼럼과 책을 통해 꾸준히 지적합니다. 그의 책 중에서도 《잡식동물 분투기》는 현대인들이 먹는 음식이며 요리 재료들이 만들어지거나 키워지는 과정에서 얼마나 심각하게 오염되는지, 따라서 얼마나 많은 음식들이 안 먹으면 안 먹을수록 좋은 유해 식품인지를 적나라하게 보여줍니다. 하지만 한편으로는 그런 현실에서 벗어나려고 애쓰는 일부 유기농 농가나 목장의 특별한 노력을 상세히 소개하기도 합니다. 따라서 책을 읽고 채식주의자가 된 이들도 있지만, 오염된 고기를 먹지 않으려고 채식을 하다가 책을 읽고서 오염되지 않은 고기를 찾아 다시 육식을 하는 이들도 있다고 합니다.

음식에 관한 심리 이론 중에는 '샤덴프로이데'와 반대되는 것도 있습니다. "심한 허기에 시달릴 때의 뇌 상태와 지나치게 이기적이거나 부당한 일을 대할 때의 사람의 뇌 상태가 같다"는 학설입니다. 안 먹고 못 먹어도 문제인 겁니다. 탐식과 허기 둘 다 인간 심리를 해치는 유해 호르몬인 셈입니다. 건강한 몸을 위해서만이 아니라 건강한 심리를 위해서야말로 적절한 식사량 유지하기가 최대의 과제가 아닐 수 없습니다.

'심리적 구두쇠'가 되지 않으려면

돈에 인색한 사람을 흔히 구두쇠라고 합니다. 그런데 사람 심리도 그런 구두쇠 노릇을 할 때가 있습니다. 이른바 '심리적 구두쇠'라고 불리는 심리인데, 지극히 단편적이고도 단순한 정보나 지식, 고정관념, 편견 등으로 한 사람 전체를 평가하거나 판단하려고 하는 상태입니다. 이를테면 누군가의 표정이 무뚝뚝한 것만으로 그 사람은 완고한 사람일 거라고 판단한다든지, '목소리가 작으니 소심하거나 내성적일 거다', '눈이 크니 겁이 많을 거다' 하고 생각하는 식입니다. 선입견이나 편견과 비슷한 듯하지만, 심리적 구두쇠 쪽이 훨씬 더 의도적이고 계산적이고 교활하면서 게으르다고 합니다. 돈을 아끼는 구두쇠의 경우와 마찬가지로 심리적 구두쇠 노릇도 너무 심해지면 주위 사람들과 오해와 마찰이 생기는 것은 물론, 심할 때는 심리적으로 황폐해져 인생 전체를 실패한 것처럼 느끼게 되기도 합니다.

그러나 다행히도 사람에게는 정반대의 성향인 '동기적 책략가' 성향이란 것도 있습니다. 관심이 가는 사람이나 일에 대해서는 더욱 구체적인 정보를 얻으려 애쓰는 성향입니다. 이 동기적 책략가 성향 때문에 우리들은 곧잘 누군가에 대해 "알고 보니 그 사람 참 괜찮은 사람이더라."라고 하면서 누군가에 대한 생각을 바꾸거나 관계를 새롭게 하기도 합니다. 그러나 동기적 책략가 성향 역시 지나칠 경우에는 지극히 개인적인 신상 정보나 사적인 일들을 인격 침해의 우려쯤이야 아랑곳하지 않고 인터넷에서 마구 파헤치거나 퍼뜨리는 등의 무책임하고 잔인한 일들을 하게 됩니다.

그러니 두 가지 성향의 균형을 잡는 것이 중요합니다. 이자벨 피이오자(Isabelle Filliozat)는 《친절한 심리학 교과서》에서 그런 심리적 균형을 잡는 데 가장 절대적이고 필수적인 중요한 조건으로 두 가지를 꼽았습니다. 바로 '공감과 친밀감'입니다. 그러면서 그녀는 공감과 친밀감을 이렇게 정의했지요. "두 사람이 가면을 벗고 힘겨루기도 하지 않으며 서로에게 자신의 진정한 모습을 있는 그대로 보일 수 있는 감정". 가면을 벗고 서로 진정한 모습을 있는 그대로 보인다는 것. 정말 큰 용기와 순수한 겸손, 그리고 서로에 대한 신뢰가 필요한 성숙한 자기 개방의 감정입니다. 참으로 중요하고도 힘든, 힘들면서도 중요한 작업이 아닐 수 없습니다.

최근에 한 모임에서 어떤 분이 "이기적으로 살면 그래도 자기 것은 대단히 많이 챙길 수 있고, 그래서 누가 뭐래도 은근히 뿌듯할 줄 알았다"면서, 그런데 "막상 그렇게 살아보니 오히려 마음과 관계만 황폐해졌을 뿐 챙긴 것도 없고, 이기주의야말로 참 초라하고 볼품없다는 걸 깨달았다. 이제 주위 사람들도 좀 챙기고 도우면서 관계도 회복하고 살 생각이다."라고 꽤 진지하게 털어놓은 적이 있었습니다. 앞에서 소개한 심리학 용어를 빌리자면 "그동안 '심리적 구두쇠'로 살았는데 이제 '동기적 책략가' 역할도 하면서 '공감과 친밀감'으로 인생을 좀 제대로 좀 살고 싶다"는 뜻이 아닐까요? 그날의 그 뜻밖의 고백, "살아보니 자기 혼자만의 이익을 생각하면서 산다는 것은, 보기보다 챙기는 것도 없으면서 잃는 것만 많은 정말로 어리석은 삶이었다."라는 그분의 이야기는 그야말로 참 많은 공감을 받았던 고백이었습니다.

악역에도 성숙함이 필요하다

 방송 원고를 쓰기 위해, 책을 찾아보기 위해 대학 도서관을 꽤 많이 이용하는 편입니다. 한 곳만이 아니라 그때그때 상황에 따라서 몇 군데 대학 도서관을 번갈아 이용합니다. 요즘은 주민에게도 자료실을 개방하거나 책 대출까지 허용하는 대학 도서관도 많아서 정말로 유용하고도 고맙게 생각하며 드나들곤 합니다.
 그러나 그 도서관 안에서 그야말로 '알 만한 대학생'들이 사회적인 예의나 공중도덕을 지키지 않아서 주위 사람의 불쾌감과 짜증을 불러일으킨다든지, 정해진 원칙과 현실적인 변화 사이에 합리적인 타협점이 마련되지 않아 갈등과 충돌이 빚어지는 모습을 꽤 자주 목격하게 됩니다.
 이를테면 노트북 사용도 대표적인 갈등거리 중 하나입니다. 이제는 노트북 사용이 일상화되다 보니 자료실 서고에서 노트북을 사용하는 사람들이 꽤 많아졌습니다(저도 그중 한 명입니다). 도서관 측에서 노트북 사용을 금지한다고 써 붙이기는 했지만, 몇몇 책상에 한해서는 거의 허용 수준인 경우가 많습니다. 그래도 원칙적으로는 노트북 사용이 금지된 곳이니 이용자들로서는 마우스를 무소음 마우스로 바꾼다든지 지나친 클릭이나 자판 사용을 자제하는 식으로 조심하는 게 당연히 옳습니다.

어느 날 앞자리에 한 여학생이 앉아 노트북을 켭니다. 그리고 쇼핑이라도 하는지 소리가 크게 나는 마우스로 딸깍, 딸깍, 딸깍 거침없이 클릭을 반복합니다. 주위 학생들의 표정에 점점 짜증이 역력해집니다. 저까지 쫓겨날까봐 한편으로는 가슴이 콩닥대고 다른 한편으로는 대학생이나 된 사람이 저렇게 아무 생각도 없고 눈치도 없나 싶어 답답해집니다. 한마디 해줘야 하나, 망설이고 망설이다가 결국은 아무 말 못하고 일어나서 짐을 챙겨 제가 다른 책상으로 자리를 옮겨버립니다. 두 주에 한두 번쯤은 일어나는 일이다 보니 대학생의 사회적인 예의 수준에 대해 어느덧 회의가 생기기도 합니다.

어느 날에는 이런 일도 있었습니다. 제 맞은편에 노트북을 켜놓은 여학생과 공책에 필기 중인 여학생이 가운데 자리를 비워놓고 각각 양끝에 앉았습니다. 저는 마침 노트북을 닫아놓은 채 책을 읽고 있었는데, 앞자리 여학생의 마우스가 무소음 마우스가 아니어서 조금

딸깍대긴 했지만 그래도 거슬릴 정도까지는 아니라고 생각했습니다. 그런데 어느 순간 공책에 필기하던 여학생이 좀 거칠게 볼펜을 내려놓더니 어디론가 사라졌다가 사람을 데리고 나타났습니다. 도서관 직원이었습니다. 그녀는 화가 잔뜩 난 목소리와 함께 옆자리 여학생을 가리키면서 노트북 사용이 금지된 곳 아니냐고 직원을 몰아붙였습니다.

맞습니다. 원칙적으로 금지된 곳이니 노트북 사용자가 잘못한 겁니다. 하지만 당사자에게 한마디 해보지도 않고 바로 도서관 직원을 데려와서 제지를 해 달라고 다그치는 모습도 그리 좋아 보이지는 않았습니다. 하긴 그 여학생으로서는 벌써 몇 번이나 말이 통하지 않는 무례한 노트북 사용자들을 만난 것인지도 모르겠습니다.

심리학자 김문성이 엮은 《배려의 심리학》에서는 낯선 사람이 주위를 배려하는 자세를 보이느냐 안 보이느냐는 아주 사소한 문제지만, 그 사소한 문제가 주위 사람으로 하여금 "세상 전체를 보는 시선을 달라지게도 하는 큰 계기"가 되기도 한다고 강조합니다. 작은 배려의 태도 하나가 '사람들은 믿을 만하고 세상은 살 만하다'는 생각을 갖게도 하고, '세상 사람들은 온통 무례하고 어이가 없다'는 정반대의 확신을 갖게도 한다는 겁니다.

그런가 하면 배려 없는 사람을 대할 때는 악역을 맡아 하는 게 불편하겠지만, 그래도 "그 자리에서 상대방에게 바로 지적해주는 게 최선"이라고도 합니다. 다만 지적하는 태도는 분명하면서도 부드러워야 합니다. 그래야 지적받은 이도 자신이 의식하지 못하고 저지른 실수를 인식하고 실수한 이유를 변명할 수 있는 심리적인 여유가 생기기 때문입니다.

결국 짐을 싸들고 자리를 옮겨버린 저도, 도서관 직원에게 먼저 뛰어갔던 여학생도 성숙한 악역 역할을 하지 못했던 셈입니다. 하지만 위의 구절을 읽으니 다음에는 웃으면서 성숙한 악역을 할 수 있을 것 같은 용기가 생깁니다. 심리학의 위대함 중 하나가 바로 이런 데 있지 않을까 싶습니다. 사소하면서도 구체적인 용기를 배우게 해주는 것. 작은 가치들을 일깨워 세상을 보는 시선과 태도를 변하게 하고, 그로써 사람과 세상 자체를 바꾸기도 하는 것이 심리학의 위대함이 아닐까 합니다.

옷차림은 마음을 바꾼다

최근의 한 조사에 따르면 대기업 인사 담당자들 중 48퍼센트가 옷차림 때문에 지원자를 면접에서 탈락시킨 적이 있다고 합니다. 인사 담당자 두 명 중 한 명은 세탁하지 않은 냄새 나는 옷을 입었다거나 과도한 노출, 지나친 액세서리 착용 등의 이유로 지원자를 떨어뜨린 적이 있다는 겁니다. 대기업 지원자라면 처음부터 옷차림에도 각별히 조심할 듯한데 그런 이유로 탈락하는 지원자가 꽤 많다니 놀라웠습니다.

심리학 실험 중에는 옷이나 옷차림과 관련된 것도 아주 많습니다. 스탠리 밀그램(Stanley Milgram)의 실험도 그중 하나입니다. 밀그램은 처음에는 실험 참가자를 말끔한 양복 차림으로 횡단보도를 무단 횡단하게 하고, 다음에는 허름한 옷차림으로 무단 횡단하게 했습니다. 실험 결과 말끔한 양복 차림일 때는 행인들이 덩달아서 무단 횡단을 하는 비율이 높았지만 허름한 차림일 때는 대부분의 행인들이 따라 건너지 않은 것으로 나타났습니다. 옷차림에 따라 낯선 사람에 대한 신뢰도가 달라지는 겁니다. 옷차림만으로 사람을 판단해서는 안 된다지만, 다른 정보가 아무 것도 없는 낯선 사람일 경우에는 옷차림에 따라 판단이 달라질 수밖에 없습니다. 단 밀그램의 실험에서 똑같이 말끔한 옷차림일 경우 옷이 비싼 옷인지 싼 옷인지에 따른 차이는 크게 없었습니다. 중요한 건 옷의 값이나 질이 아니라 말끔한지 아닌지의 차이인 겁니다.

그러나 말끔하지 않은 허름하고 냄새 나는 옷이 사람 심리를 오히려 크게 안정시켜줄 때도 있습니다. 네덜란드 심리학자 피트 브론(Piet Vroon) 등이 쓴 《냄새, 그 은밀한 유혹》에 따르면 아기들은 세탁하지 않은 엄마 옷을 가까이 두면 훨씬 덜 운다고 합니다. 이런 경우에 엄마 옷은 아기에겐 거의 엄마의 살, 피부를 넘어 엄마라는 존재 자체나 마찬가지입니다.

또 비록 소설 속 주인공의 경우이기는 하지만, 누군가에게 첫눈에 반하는 데는 허름하고 초라한 옷차림이 아무런 문제가 되지 않기도 합니다. 프랑스의 초현실주의 작가 앙드레 브르통(André Breton)의 유일한 소설 《나자》에서 남자는 "옷차림이 매우 초라한 한 젊은 여자"를 우연히 봅니다. 그런데 그는 그녀의 "눈 속에 스쳐가는 범상치 않은 빛"에 반해 "주저하지 않고 모르는 여자에게 말을" 겁니다.

그런가 하면 말끔한지 허름한지를 떠나서 본인에게 옷차림이 편한지 편하지 않은지, 스스로 어울린다고 생각하는지 생각하지 않는지도 그 사람의 심리에 큰 영향을 미칩니다. 옷이 불편하면 심리적인 불편함과 부자연스러움도 커집니다. 옷이 너무 불편하거나 마음에 안 든다는 느낌 때문에 중요한 약속도 접고 일찍 귀가해버리는 경우도 있습니다. 옷차림이 그 사람의 심리를 드러내주기도 하고 거꾸로 심리에 영향을 끼치기도 하는 겁니다. 예술가이기 때문에 규격화된 정장이나 양복 차림을 싫어하는 사람도 있고, 양복 같은 옷을 싫어해서 그런 옷을 안 입어도 되는 직업을 찾다 보니 예술 분야를 택하는 이도 있는 겁니다.

성격 차이를 인정하는 법

 사람은 누구나 다 성격심리학자라는 말이 있습니다. 누군가와 더불어 살아가는 일이 결국은 다른 사람의 성격을 추측하고 파악하고 이해하는 과정이기 때문입니다. 심리 테스트 가운데 일반인들 입에 가장 흔하게 오르내리는 것이 성격 테스트이기도 합니다. 그런데도 가장 이해하기 어렵고 받아들이기 힘든 것 또한 성격입니다. 같은 형제끼리도 너무 다르고, 남녀가 너무 다르기도 해서 때로는 열렬한 사랑의 감정으로도 극복하기 힘든 게 성격인 겁니다.
 심리학자들은 그런 성격을 이루는 특질들을 조사해 성격을 몇 가지로 유형화하려고 애써 왔습니다. 그중 성격심리학에서 가장 유명한 성격 유형 분류법은 이른바 '빅 파이브(Big Five)'라고 불리는 5대 성격 유형 분류법입니다. 여러 학자들의 연구 결과를 종합해 만든 다섯 가지 성격 유형인데, '개방형(Openness)', '성실형

(Conscientiousness)', '외향형(Extroversions)', '동조형(Agreeableness)', '신경증형(Neuroticism)'으로 나뉩니다. 그러나 '빅 파이브'는 대부분의 다른 성격 유형 분류법과 달리 한 사람의 성격이 다섯 가지 중 어느 한 유형에만 속하는 것이 아니라 한 사람이 다섯 가지 성격을 어느 만큼씩 다 갖고 있는 것으로 봅니다. 다만 각 유형이 차지하는 비중이 다를 뿐입니다. 엄밀히 말하면 성격 유형 분류법이라기보다는 성격을 판단하는 기준이 되는 특질들이라고 할 수 있습니다. 그런데 대부분의 사람들은 다섯 가지 특질을 전부 중간치 정도로 지닌 것으로 나타난다고 합니다. 사람들의 성격이 대부분 비슷하고 극단적인 성격을 가진 사람은 드물다는 뜻인데, 그렇다면 성격 차이에서 발생하는 문제들은 전부 다 극소수의 사람이 만들어내는 것일까요?

상담심리학자 조성환이 쓴 《성격》에는 두 가지로 나뉜 성격 유형이 소개됩니다. '인식형'과 '판단형'인데, 두 유형의 성격은 이렇게 다릅니다.

밤 11시쯤 휴대전화가 울립니다. 전화를 받자마자 친구가 대뜸 말합니다. "나 지금 누구누구랑 너희 집 근처에 있는데 너도 나와라." 그러면 인식형인 사람은 어지간하면 입고 있던 차림새 그대로 친구를 만나러 갑니다. 하지만 판단형인 사람은 나갈 만한 시간이 충분히 있어도 다른 핑계를 대면서 나가지 않습니다. 우정의 정도가 약해서가 아닙니다. 성격상 계획에 없던 일이나 즉흥적인 일에 대한 거부감이 크기 때문입니다.

아버지의 칠순 잔치를 앞둔 형제도 마찬가지입니다. 판단형인 아들은 잔칫날 준비를 위해 여러 가지를 미리 꼼꼼히 메모하고 검토하고 챙깁니다. 하지만 인식형인 아들은 그저 날짜와 장소 정도만 정하고 나머지는 그 전날쯤에 챙기면 된다고 생각합니다. 그러니 판단형의 형제가 일찍 전화를 걸어서 자꾸 채근을 하면 인식형의 형제는 "나는 그냥 하라는 대로 따라할 테니 다 알아서 해라."라고 미루거나 때로는 괜한 채근에 시달린다는 생각에 화를 내기도 합니다. 역시 아버지에 대한 사랑이나 관심에 차이가 있어서가 아니라 성격이 달라서 일어나는 상황입니다. 하지만 성격 차이로 이해하고 너그럽게 넘어가기는 서로 힘든 것이 사실입니다. 당장은 판단형의 형제가 아버지를 더 많이 생각하면서 더 많은 일을 하는 듯이 보이거나 실제로 더 많은 일을 할 수밖에 없어서 그렇습니다.

이처럼 둘로 나누든, 다섯으로 나누든, 혹은 열여섯 가지로 나누든 간에('빅 파이브'의 바탕이 된 성격 분류의 특질은 열여섯 가지였습니다) 어쨌든 성격을 분류한다는 것은 '서로 다른 성격'이 존재한다는 뜻입니다. 그것은 곧 완전히 고립된 삶을 산다면 모를까, 누구나 성격 차이를 인정하지 않고는 애초에 인간으로서 사는 것 자체가 불가능하거나, 엄청나게 힘이 들거나, 누군가를 힘들게 하게 된다는 뜻입니다. 요즘 이혼 사유로 성격 차이를 많이 꼽지만, 정확하게는 '성격 차이를 서로 인정하지 못해서' 이혼하는 것이겠지요. 차이가 존재한다는 사실 자체가 문제가 아니라 그걸 인정하거나 받아들이지 못하는 것이 문제인 겁니다.

사실 그런 차이의 중요성을 잘 알아도 받아들이기 힘든 것이 나와 다른 성격이긴 합니다. 심리학자들의 성격을 분류하려는 노력이 무색하게 백 명의 사람이 있으면 백 가지 성격이, 천 명의 사람이 있으면 천 가지 성격이 있는 게 아닐까 싶을 때도 많습니다. 하지만 그렇게 불편하고 힘든 성격 차이 덕분에 사람들은 서로를 훨씬 더 쉽게 이해하고 인정하기도 합니다. 누군가가 거슬리거나 이해가 가지 않는 행동을 할 때 '저 사람은 성격이 원래 저러니까', '너는 성격이 원래 그러니까'라면서 오히려 간단히 이해해주기도 하는 겁니다. 성격이야말로 '병도 되고 약도 되는 것'일 텐데, '병'과 '병'이 만나 부딪치는 상황만 잘 피하고 바꿀 줄 안다면 다양한 성격 덕분에 세상은 훨씬 흥미진진하고 덜 따분한 곳이 되겠지요.

자기 과시와 자아 도취 사이

친구나 주위 사람들에게 속에 담긴 얘기를 쉽게 하는 편이신지요? 다른 사람들이 나를 어떻게 생각하는지, 내 대인 관계가 잘 이루어지고 있는지 자주 생각해보는 편이신지요?

심리학 이론 중에 '조하리의 창' 또는 '조해리의 창'이라는 것이 있습니다. 조씨 성의 한국인 심리학자나 무슨 마을 이름에서 따온 이론인가 생각하는 분들도 있던데, 우리나라와는 전혀 상관없는 영어 합성어입니다. 미국의 심리학자 조지프 루프트(Joseph Luft)와 해리 잉햄(Harry Ingham)의 이름 첫머리에서 '조'와 '해리'를 따와 합쳐서 '조하리' 또는 '조해리'가 된 겁니다.

'조하리의 창'은 한 사람이 주위 사람들에게 자신을 어느 정도 드러내는지, 주위 사람들은 그것에 대해 어떻게 반응하는지를 설명하는 이론입니다. '조하리의 마음의 창' 이론이라고 부르기도 합니다.

'내가 아는 나'와 '남이 아는 나'를 통해 소통의 정도와 인간관계의 실체를 분석한 이론인 겁니다.

'조하리의 창'에서는 사람의 심리 영역을 상하좌우 네 개의 창으로 나눕니다. 네 개의 창은 각각 '나라는 사람에 대해 나도 알고 있고 다른 사람도 알고 있는 '열린 창' 또는 '공개 영역', 나는 모르지만 다른 사람은 알고 있는 나의 특이한 말버릇 같은 '보이지 않는 창' 또는 '맹인 영역', 거꾸로 다른 사람들은 모르고 나만이 아는 '숨겨진 창' 또는 '비밀 영역', 나도 모르고 다른 사람도 모르는 '미지의 창' 또는 '미지 영역'으로 이뤄져 있습니다. 영어로는 각각 Open Area, Blind Area, Unknown Area, Hidden Area라는 단일 명칭이 사용되는데, 우리말로는 이처럼 여러 가지 비슷한 명칭으로 번역되어 사용됩니다. 같은 말을 비유적으로 번역하여 각각 '원형 경기장', '눈에 보이지 않는 얼룩', '가면', '무의식 영역'이라는 명칭으로 말하는 경우도 있습니다.

여하튼 이 네 개의 창들은 사람의 특성을 보여줍니다. 가령 '열린 창'이 아주 큰 사교적인 사람은 연애를 시작했다 하면 주위 사람들이 금세 다 알 정도로 드러냅니다. '보이지 않는 창'이 가장 큰 사람은 남들이 자신에 대해 대놓고 충고하거나 쑥군거리는데도 본인만 전혀 모르거나 혹은 개의치 않습니다. '숨겨진 창'이 큰 사람은 어느 누구한테도 자기 이야기는 일절 하지 않아서 주위 사람들에게 호기심이나 불신의 대상이 되기도 하지요.

한편 이 창은 건축물의 실제 창문과는 달리 고정되어 있지 않습니다. 네 개의 창의 비율이 서로 수시로 뒤바뀌기도 합니다. 그때그때 어느 영역의 유리창이 더 크게 열렸는지에 따라 상대방이 나를 어떻게 느끼는지도 달라지고, 나의 대인 관계도 달라집니다. 그렇게 수시로 달라지는 창의 크기 때문에 어느 날 문득 서로에게 "너에게 그런 면이 있는 줄 몰랐어."라든지 "당신이 나를 그런 사람으로 여기는 줄 전혀 몰랐어요." 같은 말을 하기도 하고, "나도 내가 왜 그러는지 내 마음을 잘 모르겠어."라든지 "당신이 날 어떻게 생각하든 나는 그렇지 않아!" 같은 말을 하게도 되지요.

현대인들을 사로잡은 가장 큰 변화 중의 하나는 싸이월드 미니홈피나 페이스북 같은 SNS(소셜 네트워크 서비스), 즉 자기 공개의 장의 등장과 확산일 겁니다. 자기 기록 보관소이자 공개 일기장이라고도 할 수 있는 그 장들은 현대인에게 깃든 두 가지 커다란 욕망의 증거입니다. 바로 '자기 공개 욕망'과 '타인과의 소통 욕망'입니다.

캐나다 심리학자 소라야 메디자데(Soraya Mehdizadeh)는 최근에 페이스북 사용자들을 대상으로 젊은 세대의 '자기 의식', 즉 자신을 얼마나 중요한 사람으로 생각하는지, 자신에 대한 주변의 평판이 어떻다고 여기는지 등을 조사했습니다. 그 결과, 페이스북 같은 SNS를 많이 이용하는 사람들일수록 자아 도취는 강하면서 자존감은 현저히 낮은 것으로 나타났다고 합니다. '누구에게나 공개되는 나'에 신경을 쓰느라 내실보다는 외형적인 부분을 더 추구하게 되고, 그런 외형적인 부분에 감탄하고 칭찬해주는 이들과 맺는 관계만을 허용하다 보니 갈수록 자아 도취가 심해지면서 타인의 평가에 쉽게 흔들리지 않아야 할 자기의 중심은 점점 더 약화되고 있다는 겁니다.

　그런 자아 도취의 공간은 진정한 소통의 장이 되기 힘듭니다. 공개 영역, 즉 '열린 창'을 크게 늘려서 타인과의 소통 정도와 인간관계의 폭도 함께 넓혀보겠다는 의도가 결국 자기 과시와 자아 도취라는 민망한 욕망만 드러내게 되기 쉬운 겁니다. 그러니 컴퓨터를 켤 때마다, 그리고 자신의 미니홈피나 페이스북 등에 접속할 때마다 제일 많이 해야 할 생각은 어쩌면 '자아 도취하지 말자'일지도 모르겠습니다.

이기심의 뒷면에 이타심이 있다

젊은 아빠가 아직 도덕심이 형성되기 전의 어린 아들을 데리고 놀이터에 갑니다. 그런데 아들이 갑자기 친구의 장난감을 빼앗아 갖고 놉니다. 아빠는 그러면 안 된다고, 장난감을 돌려주라고 하지만 아이는 왜 돌려주어야 하느냐고 되묻습니다. 일명 '놀이터의 대화'라고 불리는 이 대화에서 어린 아들의 도덕심이 제대로 형성될 수 있도록 아빠가 해줄 수 있는 가장 좋은 말은 무엇일까요?

이 경우 보통의 부모들은 무조건 야단부터 칩니다. "그건 무조건 나쁜 행동이야. 그러니까 그러면 안 돼." 하지만 쿠르트 바이어츠(Kurt Bayertz)의 《도대체 왜 도덕적이어야 하는가?》에 따르면 그 말이야말로 가장 설득력 없는 답입니다. 바이어츠에 따르면 최상의 답은 이렇습니다. "얼마 전에 너도 여기서 어떤 형이 네 장난감 양동이 빼앗았을 때 슬펐지? 다시는 그런 일이 없었으면 좋겠지? 그러니 너도 친구에게 그래선 안 되는 거야." 즉 "네가 당하기 싫은 일이니 너도 하면 안 된다"가 최상의 답인 겁니다. 성인의 언어로 바꾼다면 "내가 도덕적임으로써 다른 사람들의 피해를 방지하고, 그런 방식으로 나도 안전할 수 있으니까 누구나 도덕적이어야 하는 것"이 될 겁니다. 피해를 보지 않으려는 내 이기심을 충족시키려면 나도 다른 사람에게 도덕적인 피해를 주면 안 되는 겁니다.

영국의 진화생물학자 리처드 도킨스(Richard Dawkins)는 《이기적 유전자》에서 인간은 궁극적으로 유전자를 보존하고 전달하기 위한 생존 기계, 즉 유전자의 명령에 지배받는 로봇일 뿐이고, 그런 유전자의 보존을 위해 본질적으로 철저하게 이기적일 수밖에 없다고 주장했습니다. 그의 주장은 대중적으로 높은 인기와 지지를 얻었습니다. 하지만 한편으로는 인간이 그렇게 뼛속 깊이 이기적인 존재라면 삶이란 얼마나 무의미하고 가혹한가, 당신 때문에 삶에 절망과 허무를 느낀다는 독자들의 편지도 많았다고 합니다. 그 편지들에 대한 답으로 도킨스는 다음 책인 《무지개를 풀며》에서 자신이 말한 '인간의 근본적인 이기심'에 대한 견해를 이렇게 보완해서 설명했습니다. "인간은 모든 생물들의 유전자나 이기적 속성을 정직하게 받아들임으로써 오히려 우주와 세상과 인간과 생명체의 존재 근거도 제대로 알아낼 수 있으며, 그로써 인간의 궁극적인 가치와 독립성과 이타심을 더욱 크게 발전시킬 수도 있다."

결국 이기심과 이타심은 근본적으로 함께 있으면서 서로에게 기대야 하는 인간의 두 가지 본질인 셈입니다. 이기적이기 위해서 다른 사람을 배려하고 존중하며 이타적으로 살아야 하고, 이타적이기 위해 자신의 독립적인 욕구에 이기적으로 충실해야 하는 겁니다. 그러니 인간은 이율배반을 동시에 구현해야 하는 참으로 어려운 숙명을 부여받은 존재가 아닐 수 없습니다.

목숨을 위협하는 존댓말

　외국인들이 한국어를 배울 때 가장 어려워하는 부분 중 하나가 존댓말이라고 합니다. 같은 말을 나이나 사회적인 지위, 상황에 따라 달리 쓰는 게 너무나 복잡하고 까다롭다는 겁니다.
　하지만 존댓말의 까다로움이 없는 것으로 알려진 영어에도 실은 존댓말이 없는 것은 아니라고 합니다. 7살 아이에게도, 70대의 할아버지에게도 똑같이 'you'라는 호칭을 사용하지만, 그들에게도 우리의 존댓말에 해당하는 정중하고 공손한 화법이 있습니다. 서양의 언어심리학자 중에는 그런 공손한 화법이 잘 지켜지는 정도를 그 사회나 나라의 성숙도를 판별하는 지표로 보는 학자도 있습니다.
　그런데 《아웃 라이어》의 저자인 맬컴 글래드웰에 따르면, 그렇게 한 사회의 성숙도를 말해주는 공손 화법이 때로는 오히려 많은 이들의 목숨을 위태롭게 하는 '위협적인 언어'가 되기도 합니다. 이를테면 비행기 조종의 경우 주조종석에 경력이나 직급이 더 높은 기장이 앉을 때보다 부기장이 앉았을 때 추락 사고가 뜻밖에 더 적은데, 그 이유 중의 하나가 바로 공손 화법 때문이라고 합니다.

기장이 주조종석에 앉은 상황에서 부기장이 비행기 안전을 위협하는 다급하고도 심각한 문제를 발견했을 경우, 상사인 기장에게 그 사실을 즉각 직접적으로 말하기란 쉽지 않습니다. 그 상황에서도 최대한 거슬리지 않는 말씨로 지적하거나 알리려고 애를 쓰게 됩니다. 그러다 보면 일 분, 일 초가 아쉬운 다급한 상황에 대처하는 것이 늦어질 수 있고, 그래서 더 쉽게 사고가 날 수 있다는 겁니다. 하지만 부기장이 주조종석에 앉아 있을 경우에는 기장이 어떤 문제든 발견 즉시 바로 지적하거나 거침없이 뭔가를 지시해서 빠르게 대응할 수 있습니다.

설마 자신과 승객 수백 명의 목숨이 위험한 상황에서까지 공손 화법 때문에 주춤댈까 싶은데, 실제로 그런 경우가 적지 않다고 합니다. 그래서 대부분의 대형 항공사들의 '승무원 자원 관리'라는 훈련 프로그램에는 그 부분에 대한 교육을 포함시킨다고 합니다. 위험한 상황이 발생했는데도 기장이 모르고 있거나 대처를 제대로 못할 때, 부하 직원인 부조종사가 공손 화법을 신경 쓰지 않고 분명하고도 단호한 말투로 "지금 상황이 위험합니다."라고 말하도록 언어 훈련을 한다는 겁니다.

　요즘 자꾸 지하철 같은 곳에서 노인에게 거친 말을 쏟아냈다가 인터넷에서 구설수에 오르는 젊은이들이 느는 듯한데, 혹시 비행기 조종사를 꿈꾸는 젊은이들이 늘어나는 것일까요.

"넌 주워 온 아이야"의 진실

저는 전쟁 고아가 많았던 6·25 세대가 아닌데도, 어렸을 때 어른들에게 "넌 한강 다리 밑에서 주워 왔어."라는 놀림을 참 많이 듣고 자랐습니다. 집이 한강 바로 뒤쪽의 본동이어서 그런 짓궂은 놀림이 훨씬 더 잦았는지도 모르겠습니다.

그런 놀림은 전쟁과 가난으로 버려지는 아이들이 많았던 우리나라에서만 하는 농담인 줄 알았는데 유럽에서도 흔했나 봅니다. 《관계》를 쓴 프랑스의 정신의학자 보리스 시륄닉(Boris Cyrulnik)은 부모가 아이들한테 흔히 하는 "넌 주워 온 아이야."라는 농담이 아이들에게 어떤 영향을 주는지를 분석하기도 했습니다. 시륄닉의 분석에 따르면 "넌 주워 온 아이야."라는 놀림을 듣고 아이들이 반응하는 양상은 부모에게 받은 애정 정도에 따라 달라집니다. 차갑고 냉정한 부모 밑에서 자란 아이들은 그 말에서 받는 충격과 두려움이 훨씬 클뿐더러, 그 말이 단순한 놀림이라는 사실도 훨씬 늦게 알아챕니다. 그 말이 강하게 내면화되기도 해서, 나중에 성인이 된 이후의 관계 또한 '어떻게든 상대로부터 버림받지 않는 데'에 중심이 놓이기 쉽습니다. 반면 애정과 신뢰가 깊은 부모 밑에서 자란 아이들은 그 말이 농담이란 것도 빨리 알아채고, 알아챘을 때 부모에게 느끼는 '해방감'도 큽니다.

여기서 잠깐, 해방감이 무슨 말일까요? 저는 해방감이란 표현을 처음에는 좀 납득하기가 힘들었습니다. 부모로부터 해방되고 싶고 벗어나고 싶은 아이는 좋은 부모를 둔 아이들보다 모진 부모를 둔 아이들 쪽이 아니겠나 싶었기 때문입니다. 하지만 해방감을 '독립심'이라는 단어로 바꾸면 고개를 끄덕이게 됩니다. 애정이 풍부한 부모 밑에서 자라는 아이들은 "넌 주워 온 아이야."라는 놀림을 듣고 오히려 부모가 아이를 대할 때 품는 심리적인 여유와 강한 신뢰감을 무의식적으로 느끼면서 스스로를 더 자유롭고 독립적이며 어른스러운 존재로 생각하게 되는 거지요. 그런 아이들이 성인이 된 후에 맺는 관계가 무척 안정적일 것이라는 사실은 쉽게 짐작할 수 있습니다.

요즘은 유럽에서도, 우리 주위에서도 그런 말을 자주 하는 부모는 많지 않을 겁니다. 이제는 자주 하는 말의 자리를 다른 말이 대체했습니다. 어떤 조사에 따르면 요즘 우리나라 부모님들이 아이들에게 잘 하는 말은 "넌 대체 누구를 닮아서 그러니?"라고 합니다. 그러가 하면 저널리스드인 다니엘 마르셀리(Daniel Marcelli)의 《아이들의 고민, 부모들의 근심》에 따르면 부모들이 아이들에게 자주 하는 말 중에 금해야 할 두 가지가 "나중에 뭐가 될 거니?"와 "아직도 모르겠니?"라는 질문이라고 합니다. 아이들의 미래는 아이들 자신의 탐색과 결정에 맡겨 두어야 하는 겁니다.

멋진 불행도
있다

왜 오래된 기억이 더 생생할까

자서전은 대체로 연세가 많은 분이 자신의 삶을 총체적으로 돌아보면서 쓴 책입니다. 살아온 일들을 직접 쓴 이야기라서 내용이 구체적이고 사실적이기도 하고, 한편으로는 주관적이거나 자기 합리화에 치우쳐 있기도 합니다. 무엇보다 자서전을 읽다 보면 저자의 생생한 기억력에 놀랄 때가 많습니다. 아주 오래전 일일 텐데도 어린 시절이나 젊은 시절이 어떻게 그렇게 생생히 기록되어 있는지 감탄스러울 때가 많습니다. 물론 일기나 다른 자료를 참고했을 수도 있습니다. 하지만 아무 도움 없이 기억력만으로 몇십 년 전의 일을 어제 일처럼 생생하게 기록한 경우도 적지 않습니다.

심리학에서는 사람의 뛰어난 기억력에 그리 놀라지 않습니다. 사람의 뇌는 바로 직전의 일보다 훨씬 오래된 일을 더 잘 기억하기도 합니다. 심리학자 직 루빈(Zick Rubin)은 그 이유를 경험의 중요도 차이 때문이라고 분석합니다. 흔히 사람들이 젊은 시절에 겪는 경험들 중에는 인생에서 "개인적으로나 사회적으로나 상대적으로 더욱 중요한 일들", 즉 "결혼이나 취직, 출산 같은 자기 자신의 위신이나 역할, 능력을 규정짓는 결정적인 사건들"이 많습니다. 그런 만큼 기억에도 훨씬 더 깊게 각인됩니다. 반면 중년기나 노년기에 일어나는 사건들은 대부분 "안정적이거나 고정적, 반복적인 사건들"입니다. 크게 새로울 것도 놀랄 것도 없는, 이미 겪어본 일이나 감정이 대부분입니다. 자연히 기억에도 훨씬 희미하게 남기 마련입니다. 그래서 오래된 일들을 더 잘 기억하는 현상을 루빈은 '자서전적 기억'이라고 명명했습니다.

'자서전적 기억' 현상이 꼭 노년기에만 일어나는 건 아닙니다. 헤르만 헤세(Hermann Hesse)의 자전적 소설 《수레바퀴 아래서》의 주인공 한스 기벤라트는 마을에서 유일하게 신학교 입학시험에 합격한, 그것도 2등으로 합격한 장래가 촉망되는 학생입니다. 하지만 숨 막히는 아버지의 기대와 신학교의 완고하고 억압적인 분위기를 견디지 못해 신경 쇠약 증세를 보이다가 결국은 학업을 중단하게 됩니다. 그런 한스에게는 하루나 이틀 전보다 어린 시절의 일들이 훨씬 더 생생히 기억납니다. "한스는 자신의 기억력이 전혀 말을 듣지 않을뿐더러 하루가 다르게 점점 더 느슨해지고 희미해지고 있다는 사실을 알고 난 뒤에는 절망감에 빠지고 말았다. 하지만 이따금 낡은 기억들이 무서우리만치 생생하게 그를 엄습하기도 했다."

소설을 읽다 보면 작가들이야말로 심리학 전공자 못지않게 사람의 심리를 날카롭게 파악한다는 감탄을 하게 될 때가 많습니다. 그러니 심리 공부를 위해 소설을, 소설 공부를 위해 심리서를 읽는 것도 큰 도움이 될 겁니다.

'지금 현재'라는 시간은 당장의 현실인 동시에 먼 과거를 오늘 일처럼 생생히 기억하는 '먼 과거의 오늘'이고, 또 먼 미래에 기억할 오늘이 될 '추억용 오늘'이기도 합니다. 하루가 세 겹의 날들을 갖고 있다고나 할까요. 이렇게 오늘에는 과거와 미래가 다 들어 있습니다. 그래서 먼 옛날 어린 시절에 받았던 상처도 오늘을 잘 살면서 위로하고 다독여 그때의 하루와는 다른 날로 회복시킬 수도 있습니다. 그렇게 한다면 먼 미래에 추억하는 오늘 또한 소중한 날이 될 수 있겠죠. 하루를 잘 살면 사흘을 잘 사는 셈이고, 하루를 망치면 사흘을 망치는 셈임을 마음 깊이 새겨봅니다.

내 안의 청춘은 70에도 자란다

성인의 자아를 상상하면 제자리에 멈춰선 채 꿈쩍도 하지 않는 커다란 돌 바퀴가 연상됩니다. 10대까지만 해도 담는 그릇에 따라 달라지던 부드러운 액체나 바람에 따라 이리저리 흔들리던 기체 같던 자아가, 성인이 되면 형질 자체가 완전히 변해 돌 바퀴가 되는 것 같은 느낌입니다.

저는 '20대 자아가 평생을 간다'고 생각합니다. 세 살 버릇 여든까지 간다지만 저는 "스무 살 자아, 여든까지 간다."고 말하고 싶습니다. 그렇다면 자아는 언제나 '20대 청춘'인 셈이니 좋은 일이겠네, 하고 생각할 수도 있지만, '한번 어리석게 형성된 젊은 시절의 자아가 영원히 고정된다고 생각하면 오히려 끔찍하기도 합니다. 돌 바퀴를 움직이려는 고통스런 개선 노력이나 발전의 의지 없이는 20대에서 절대 움직이지 않으니, 자칫하면 20대의 미숙하고 거칠고 불안정한 삶의 패턴을 무한 반복할 수도 있는 겁니다.

실제로 주위를 둘러보면 그런 어른들이 많습니다. 10년, 20년이 지나도 한결같이 젊은 시절 혈기 그대로 사느라 본인은 물론 주위 사람을 죽을 듯 괴롭게 하는 어른들이 참 많습니다. 주위 어른이 아니라 아직 30대, 40대인 내가 바로 그렇다 싶은 분들도 있을 겁니다. 성격이 절대 변하지 않아서일 텐데, 성격이 변하지 않는 것은 자아가 절대 변하지 않기 때문입니다. 흔히들 나이 들면서 마음에 여유가 생겼다, 인간에 대한 이해의 폭이 넓어졌다, 지혜로워졌다는 등 세월이 좋은 심성을 저절로 가져다준 듯 말하지만, 실은 그 사람이 내면에서 알게 모르게 노력해서 자아를 발전시켰기 때문이지 저절로 그렇게 된 것은 결코 아닙니다.

그러니 20대에 좋은 자아를 형성해 두면 별다른 노력 없이도 그 자리에서 늘 돌아갈 바퀴를 잘 놓아둔 덕을 보며 살 수도 있습니다. 물론 20대에 벌써 성숙하고 바람직한 자아를 형성하기는 참 힘든 일입니다. 20대만이 아닌 30대, 40대에도 결코 쉽지 않은 일입니다. 결국 내 안의 청춘의 돌 바퀴를 조금 더 나은 자리로 움직이려는 노력과 의지는 평생 계속되어야 할 과제입니다.

미국 심리학자 칼 로저스(Carl Rogers)의 고백이야말로 그 점을 다시 한 번 확인해줍니다. 그는 의사의 지식보다 피상담자들의 삶과 경험에 대한 배려와 존중을 무엇보다 중요시하는 환자 중심 심리 상담의 독보적인 대가입니다. 그런 대가가 75세 때에 지난 10년 동안 새로운 심리적 탐색과 실천을 하면서 내담자들이 아닌 자기 자신이야말로 좀 더 나아지고 달라졌다고 고백합니다. 심리학의 대가이면서도 75세까지 자신을 개선하려고 노력해 왔다는 겁니다. 덕분에 좀 더 달라진 자신을 보는 것이 너무나 기쁘고 보람 있다며 그는 이렇게 썼습니다.

나는 도움을 더욱 잘 요청할 수 있게 되었다. 내가 혼자서도 잘할 수 있다는 것을 증명해 보이는 대신 다른 사람들에게 나를 위해 무엇을 해달라고 부탁할 수 있게 되었다. 그리고 새로운 아이디어들에 더욱 마음을 열게 되었다. 상대방을 나의 필요에 맞춰 변화시키고자 하는 나의 소망을 내려놓고 있는 그대로의 그 사람을 배려하는 것은 가장 어려운 일이다. 그러나 나는 친밀감과 사랑을 향해 점점 더 열리고 있는 나 자신을 보게 됐다. 나는 10년 전보다 훨씬 나은 사람이 됐다. 나는 내가 좋아졌다.

자아가 나이에 따라서 저절로 성숙하고 원숙해지는 게 아니라는 것, '언제나 청춘' 그대로인 자아야말로 개선과 보완과 발전을 위한 끝없는 노력을 필요로 한다는 것을 기억하면서 꿈쩍도 하지 않을 것 같지만 실은 조금씩 움직이는 돌 바퀴를 기어이 끝까지 밀어볼 일입니다.

원하는 것을 얻으면 행복해질까?

《안나푸르나, 아이러니푸르나》는 문학평론가인 이남호 교수가 14박 15일에 걸쳐 히말라야 안나푸르나를 트래킹한 여정을 기록한 에세이입니다. 트래킹 기간 동안 겪은 아이러니한 일들이 워낙 많아서 책 제목마저 《안나푸르나, 아이러니푸르나》가 되었다고 합니다. 그런 아이러니한 일들 중에는 이런 일도 있습니다. 이 교수가 아들을 비롯한 열 명 남짓의 일행과 함께 간신히 해발 3,500미터쯤에 도착했을 때입니다. 다들 괜찮은데 정작 유일하게 고산 적응 훈련을 받았던 아들만 고산증에 걸립니다. 아버지는 결국 얼마 안 남은 정상 등정을 포기하고 아들 곁을 지킵니다. 하지만 그 덕분에 부자는 오히려 정상 등정보다 훨씬 값진 부자 간의 대화 시간을 갖게 됩니다.

'적응력'은 인간이 지닌 가장 훌륭한 특질 중 하나입니다. 적응력 덕분에 인간은 그 어떤 어렵고 힘든 상황이나 환경도 다 극복해내면서 역사를 지속해 왔다고 할 수 있습니다. 하지만 심리학 연구에 따르면 인간은 아이러니하게도 바로 그 적응력 때문에 행복을 잘 못 느끼는 불행한 존재이기도 합니다.

미국의 경제학자인 리처드 이스털린(Richard Easterlin)은 미국인들을 상대로 '종단 조사'를 계속하고 있습니다. 종단 조사란 같은 내용의 설문 조사를 몇 년의 시간 간격을 두고 똑같은 사람에게 다시 실시하는 조사입니다. 이스털린이 실시한 설문 중에는 이런 질문도 있었습니다. "집이라든지 피아노, 별장, 외국 여행처럼 돈으로 사거나 할 수 있는 것 중에서 내가 꿈꾸는 이상적인 삶을 가져다줄 수 있다고 생각하는 게 무엇인지 세 가지를 적으시오."

참가자들은 저마다 세 가지씩을 적었습니다. 16년 후, 그들에게 같은 질문이 다시 또 주어졌습니다. 그들 중에는 지난 16년 동안 '이상적인 삶을 가져다줄 수 있다고 생각하는 것 세 가지'를 다 갖춘 사람들도 있었습니다. 자신들이 바라던 이상적인 삶을 실현한 셈인 겁니다. 그러니 자신의 삶에 큰 행복과 만족을 느낄 만합니다. 하지만 다음의 조사 결과는 이상적인 삶을 위해 꼭 갖추고 싶은 것, 꼭 필요한 것이란 평생 결코 갖추거나 채울 수 없는 것들임을 말해줍니다. "멋진 삶을 위한 물건들이 3.1개쯤 채워질 만큼 형편이 나아지는 동안, 멋진 삶을 위해 갖고 싶다고 생각하는 물건들은 5.6개가 더

늘었다."

　채우자마자 채운 만큼의 갈증과 결핍이 다시 생기는 겁니다. 그러니 아무리 바라던 것을 얻어도 삶이 전보다 더 나아졌다든지, 이것이 내가 가장 이상적이라고 생각했던 상태라는 생각을 하기는 거의 불가능합니다. 행복이나 만족을 느끼는 삶이란 거의 불가능한 겁니다.

　심리학자인 필립 브릭먼(Philip Brickman)과 도널드 캠벨(Donald Cambell)은 꿈꾸던 것을 가져도 행복이나 만족을 느끼지 못하고 또 다시 새로운 결핍감을 느끼는 이유를 바로 인간의 뛰어난 적응력 때문이라고 분석합니다. 뛰어난 적응력은 인간에게 안전한 생존과 풍요로운 쾌락을 선사하지만, 바로 그 적응력 때문에 손에 넣은 안전과 풍요가 금세 시시해진다는 겁니다. 두 심리학자는 이처럼 뛰어난 적응력이 불러오는 아이러니한 악순환에 '쾌락 쳇바퀴(hedonic treadmeal)'라는 이름을 붙이기도 했습니다.

　그렇다면 쾌락 쳇바퀴의 불행한 아이러니를 해결할 수 있는 방법은 무엇일까요. 오스트리아의 심리학자인 게르티 젱어(Gerti Senger)는 이런 방법을 제시합니다. "쥐고 있는 것을 용감하게 놔주고 빈손이 되어야 생이 당신에게 쥐어주는 것을 붙잡을 수 있다." 앞에 인용한 책 《안나푸르나, 아이러니푸르나》에서 아버지가 아들에게 들려주는 조언도 똑같습니다. "정상을 넘기 위해 여기까지 왔지만 정상을 바로 앞에서 포기함으로써 더 좋은 결과를 얻을 수 있는 아이러니의 세상이 바로 우리가 사는 세상의 본질"이라는 겁니다. '비움과 포기'야말로 인간이 꿈꾸는 이상적인 삶을 채워줄 수 있는 가장 중요한 것 두 가지라는 조언을 이해하고 받아들이는 순간이야말로, '아이러니푸르나'가 정말 푸른색 같아지지 않을까요? 16년 전에 너무나 갖고 싶었던 것 세 가지를 새삼 꼽아봅니다.

피부 자아

 살면서 절대 하고 싶지 않았고, 해도 잘하지 못할 것 같았던 것 한 가지에 생애 처음으로 덤벼본 적이 있습니다. 바로 수영이었습니다. 운동에도 여러 가지가 있는데 하필 수영을 택한 것은 실은 매일 물속에서 지내면 피부가 좋아지지 않을까 하는 기대 때문이었습니다. 나이가 들수록 여자들이 공통적으로 하는 이야기지만, 피부 좋은 게 예쁜 것보다 훨씬 큰 장점이고 복입니다. 그 복 좀 받아보려고 나름대로 꽤 열심히 수영을 했습니다. "내가 수영을 다 하다니. 못할 게 아무 것도 없다."라는 자신감은 얻었지만, 피부는 큰 변화가 없는 듯합니다.
 심리학계의 피부과 전문의라고나 할까요, 《피부 자아》라는 독특한 제목의 심리서를 쓴 디디에 앙지외(Didier Anzieu)라는 심리학자가 있습니다. 그는 정신 분석학계의 거두인 자크 라캉(Jacques Lacan)과의 엄청난 악연으로도 유명합니다. 앙지외의 어머니는 첫딸을 임신했을 때부터 심각한 우울증과 피해망상에 시달리다가 앙지외를 낳은 뒤 결국 정신병원에 입원합니다. 그때 그녀의 상담 치료를 맡았던 의사가 바로 라캉이었습니다. 그러나 앙지외 어머니의 주장에 따르면 라캉은 치료보다는 그녀의 사례를 바탕으로 연구를 하고 논문을 작성하는 데 치중합니다. 따라서 그녀의 심리적 적대감과 분노는 오히려 더 심각해집니다. 심리학 박사 과정을 마친 앙지외는 어머니와 라캉의 관계를 전혀 모른 채 정신분석가가 되기 위해 라캉의 제자가 됩니다. 그리고 4년간 라캉 밑에서 분석 상담 과정을 마친 뒤에야 자신의 스승을 결정적으로 유명하게 만든 논문이 바로 자신의 어머니를 사례로 활용해서 얻은 결과물이란 사실을 알게 됩니다. 그렇지 않아도 라캉과 학문적인 견해가 달랐던 앙지외는 주저 없이 라캉을 떠나 적극적인 반(反)라캉주의의 기수가 됩니다.

그런 학문적인 배경을 가진 앙지외가 주장하는 학설이 '피부 자아론'입니다. 피부 자아론이란 사람의 심리도 몸과 마찬가지로 내면과 외부라는 두 세계로부터 그 사람을 보호해주기도 하고 드러내주기도 하는 피부, 즉 '자아'라는 이름의 피부로 구성된다는 이론입니다. '자아'라는 심리적인 접면 지대를 피부에 견준 이론입니다. 내면과 외부 두 세계 어느 쪽에든 문제가 생기면 몸속의 이상이나 벌에 쏘인

흔적이 피부 발진으로 드러나듯이 피부 자아에도 문제가 생깁니다. 이를테면 바깥 세상에 대한 경계심과 거부감이 너무 커져서 자아 입구를 폐쇄한다든지, 반대로 두 세계의 접점에 대한 인식이 너무 희미해서 전혀 자신을 책임질 줄 모르거나 외부의 모든 것이 자기 뜻대로만 움직여야 한다고 생각하는 병적인 자기 중심적 상태가 되는 겁니다. 그러니 실제 피부처럼, 아니 실제 피부보다 더 잘 신경 쓰고 가꿔야 할 것이 제2의 피부인 자아라는 겁니다.

피부 자아는 한 사람의 고유한 내면 심리와 그 사람을 둘러싼 바깥 세상이 합해져서 이루는 피부이기에, 내 내면을 가꾸는 것이나 바깥 세상이 좋아지는 것 중 어느 한 가지만으로는 크게 좋아질 수 없습니다. 내 개인적인 심리도 중요하지만 바깥 세상이 돌아가는 모습도 그만큼 중요합니다. 그런데 양쪽이 동시에 다 좋기란 사실 얼마나 힘이 드는 일인지요. 힘들더라도 자신의 내면 심리 개선에 힘쓰면서 동시에 세상의 개선에도 관심을 가질 수밖에 없는 것이 피부 자아를 가진 모든 인간의 숙명이 아닐까 싶습니다.

멋진 불행도 있다

프로이트 이래로 현대 정신분석에서는 한 사람의 심리 형성과 발전의 책임 소재를 아주 많은 부분 '어린 시절 부모로부터 받은 사랑의 정도'에서 찾습니다. 그런 만큼 어린 시절 부모로부터 받은 학대나 외면, 무관심 등이 성인기의 자아에까지 영향을 끼친다는 것을 부정하는 정신의학자나 심리학자는 거의 없습니다. 그러다 보니 요즘은 보통 사람들도 '어린 시절의 애정 결핍에 따른 트라우마' 식의 말들을 아주 흔하게 쓰기도 합니다.

하지만 한 사람의 심리나 일생이 그렇게 전적으로 부모에 의해서만 좌우된다면, 부모로부터 충분한 사랑을 받지 못한 아이나 아예 부모를 일찍 잃은 아이들은 모두 애정 결핍에 따른 트라우마로 가득 찬 삶을 살 도리밖에는 없는 걸까요? 프랑스의 정신의학자 보리스 시륄닉은 《유령의 속삭임》에서 어린 시절 부모의 사랑을 전혀 받지 못하고 자란 영화배우 마릴린 먼로와 동화 작가 안데르센을 비교 분석합니다.

마릴린 먼로는 어린 시절 부모의 보살핌을 받지 못하고 줄곧 고아원과 위탁 가정을 전전합니다. 그러다 피폐한 떠돌이의 삶에서 벗어나려고 10대에 이른 결혼을 합니다. 하지만 결혼 생활에서도 바라던 사랑과 안정과 행복을 얻지 못하고 곧 이혼을 합니다. 그러다 얼마 후 세기의 영화배우가 됩니다. 엄청난 부와 명성의 주인공이 된 겁니다. 그 후 그녀는 당대 최고 유명 인사들과 재혼하기도 하고 화려한 염문도 뿌립니다. 하지만 그 모두가 전부 다 실패 아니면 추문으로 끝나고, 세상에서 가장 화려하고 행복할 것 같던 그녀의 삶은 끝내 자살인지 타살인지 모를 죽음이라는 파국을 맞기에 이릅니다. 어린 시절의 애정 결핍이 그녀로 하여금 절대적이고 헌신적인 '부모 같은 연인'에 집착하게 했을 것이며, 그 불가능한 집착이 결국 그녀를 파국으로 몰았으리라는 분석이 가능한 인생이었던 겁니다.

안데르센의 어린 시절은 마릴린 먼로보다 훨씬 더 비참했습니다. 부모는 알코올 중독과 광증으로 일찌감치 세상을 떠났고, 그를 떠맡은 고아원이나 친척들도 극단적으로 가난했습니다. 거기다 어린 안데르센은 못생긴 외모 때문에 멸시와 폭력에 시달리기 일쑤였습니다. 그러다 15세 때 배우를 꿈꾸며 무일푼으로 코펜하겐에 갔지만,

그 역시 허사로 돌아갑니다. 무엇인들 더 나아질 세 없을 것 같은 절망적인 상황이있습니다.

그런데도 성인이 된 이후 안데르센의 삶은 마릴린 먼로의 삶과는 크게 달랐습니다. 동화 작가로 마릴린 먼로만큼이나 큰 유명세와 부를 얻었을 때 그 역시 어린 시절의 결핍된 애정을 메워줄 동반자를 찾으려 애썼습니다. 하지만 그 결핍을 채우는 데에만 모든 생을 걸 만큼 무절제하거나 무책임하지 않았습니다. 그는 오히려 그만한 상대는 찾지 못한 대신 스스로 내적인 안정을 이뤄 갔습니다. 자신의 삶을 두고 "나의 삶은 한 편의 아름다운 동화다. 풍요롭고도 행복한."이라고 말할 정도였습니다. 사회 기여에도 힘써 세상을 떠날 때는 덴마크 전 국민이 애도에 나설 만큼 존경을 받았습니다. 어린 시절의 애정 결핍이나 상처에 자신의 인생 전체를 내맡기지 않은 겁니다. 거기에만 전적으로 발목을 잡히거나 책임을 떠넘기지 않은 거지요. 시륄닉은 그런 극복에 '검은 밝음', '멋진 불행'이라는 찬사를 바치기도 했습니다.

안데르센 못지않은 사례로 심리학자 에이브러햄 매슬로(Abraham Maslow)도 빼놓을 수 없습니다. 매슬로는 대중적 인지도가 높은 심리학 이론 중 하나인 '욕구 5단계설'을 주창한 학자입니다. 욕구 5단계설은 인간의 욕구를 다섯 단계로 이뤄진 피라미드 형태로 설명하는 이론입니다. 다섯 단계의 욕구는 피라미드 아래쪽부터 '생리적 욕구', '안정감에 대한 욕구', '소속감과 애정에 대한 욕구', '존경받고자 하는 욕구', 그리고 '자아 실현의 욕구' 순서입니다. 하위 단계의 욕구가 채워져야 상위 단계의 욕구를 채우려는 실천 의지가 생긴다고 합니다.

하지만 정작 매슬로 자신은 제일 아래 단계인 기본적인 욕구부터 극단적으로 결핍된 상태에서 자랐습니다. 그는 미국 브루클린의 가난한 러시아계 유대인 이민자 가정에서 태어났는데, 그의 아버지는 아들의 외모를 항상 조롱하고 윽박질렀습니다. 그 때문에 어린 매슬로는 사람들이 많이 탄 전철 칸을 의식적으로 피할 정도였습니다. 어머니는 아버지보다 더해 매슬로 스스로 훗날 자신의 어머니를 "잔인하고 무지하고 적대적이며 자신의 아이들이 정신병에 걸릴 만큼 사랑을 주지 않는 인물"로 묘사할 정도였습니다. 심각한 수준의 문제 부모였던 겁니다.

하지만 매슬로는 철저한 극복 의지와 자기 단련과 자아 실현을 향한 집념으로 인생을 자신이 원하는 방향으로 이끌어 갑니다. 그리고 바라던 대로 최고의 심리학자가 됩니다. 어린 시절의 상처로 인해 인간을 부정적으로 분석하는 심리학자가 됐을 법도 한데, 그는 오히려 인간의 가장 고상하고 긍정적인 심리 측면에 대한 연구로 크게 인정받고 유명해졌습니다. 냉혹한 부모나 어린 시절의 애정 결핍이 반드시 불행으로 가득 찬 인생을 만드는 것은 아니라는 것을 입증한 겁니다. 그런 매슬로였으니 욕구 5단계설에서도 비교적 하위 욕구라 할 수 있는 생리적 욕구와 안정감에 대한 욕구는 바깥 환경이나 주위 상황에 큰 영향을 받지만, 비교적 상위 욕구인 소속감과 애정에 대한 욕구와 존경받고자 하는 욕구, 그리고 자아 실현의 욕구는 자기 할 나름이라고 한 것일 겁니다.

어린 시절이 한 사람의 심리 형성에 얼마나 큰 영향을 끼치는지에 대해서는 전적으로 동의합니다. 하지만 성인이 된 이후에도 시종일관 어린 시절의 결핍이나 상처에 모든 책임을 전가하는 것은 무책임하고 어리석은 일일 겁니다. 그런데도 책임 전가의 충동을 억제하기가 힘이 들 때면 '검은 밝음'이란 단어를 거듭 되새기며 다시금 마음을 굳게 다잡아보기로 합니다.

지혜로워지려면 실천하라

'지혜'라는 말은 국어사전에는 '사물의 도리나 선악을 분별하는 마음의 작용'이라고 설명되어 있습니다. 하지만 실제 생활에서는 사전적 정의보다 훨씬 넓고 다양하게 쓰입니다. 그래서 때로는 그 의미가 애매모호할 때도 있습니다.

《지혜의 탄생》의 공동 저자인 심리학자 로버트 스턴버그(Robert Sternberg)는 지혜의 다양한 측면을 연구하기 위해 학자들을 대상으로 모의 추천장 실험을 했습니다. 이를테면 "남자 A: 높은 성취 능력을 지녔다. 훌륭한 문제 해결 능력을 지녔다.", "여자 A: 목표 의식이 강하다. 물질주의적이지 않다." 식의 특징을 나열한 모의 추천장을 각 분야 학자들에게 보내 그들이 어떤 사람을 '지혜로운' 사람으로 규정하는지를 조사한 겁니다. 그 결과 '지혜'의 규정이나 판단 기준이 분야별로 다르다는 것이 드러났습니다.

가령 철학자들은 지혜의 기준을 "근본 물음에 집중하기와 유행에 대한 저항, 다양한 생각에 대한 개방성, 사실을 옳게 수용하는 능력, 숲과 나무를 함께 보려는 태도와 정의감" 등에 두었습니다. 반면에 물리학자들은 지혜를 "해당 분야의 예전 업적과 기술에 정통한 것, 한 상황을 구성하는 여러 요인에 대한 이해, 과학 활동의 인간적 또는 정치적 요소에 대한 지식" 등으로 규정했고, 경영학자들은 "성숙한 판단력, 자신이 무엇을 알고 무엇을 모르는지를 아는 것, 언제 행동해야 할지 또는 행동하지 말아야 할지를 아는 것, 사물에 대한 장기적 관점"을 지혜로 정의했습니다. 그런가 하면 예술 분야의 학자들이 정의한 지혜는 "통찰과 논리와 본능 사이에서 균형을 잡을 줄 아는 것, 창조성을 개념화할 줄 아는 것, 그리고 감수성" 등이었습니다.

그렇다면 정작 심리학자들은 지혜를 어떻게 정의했을까요?《지혜의 탄생》에 글을 쓴 심리학자들 사이에서도 지혜에 대한 정의는 다양했습니다. 단순히 "축적된 지식의 양"이라는 견해에서부터 "삶에 대한 지식과 대처 방법", "자신이 알고 있는 것이 진실이 아닐 수 있다는 의심 능력" 등 심리학자마다 조금씩 차이가 있습니다. 그런가 하면 또 다른 책에서 페터슨과 셀리그만은 지혜로운 사람의 특징으로 "자기 이해를 잘하고 있으며, 어떤 결정을 할 때 감성과 이성을 모두 다 잘 활용하고 의미나 관계의 거시적 양상을 잘 이해하며, 폭

넓은 안목이나 관점을 지니고 있으며, 다른 사람과 사회를 위해 기여하려는 욕구가 강하다"는 것 등을 꼽습니다. 지혜가 품은 뜻, 혹은 요구하는 기준이 얼마나 광범위하고 다채로운지를 새삼 실감할 수 있는 정의들입니다.

그러니 한편으로는 지혜를 늘리고 발달시키면 저 다양한 장점들을 한꺼번에 키우고 증진시킬 수 있는 셈입니다. 심리학자 권석만은 《인간의 긍정적 성품》에서 다음과 같은 지혜 증진 방법을 소개했습니다.

- 내가 알고 있는 가장 지혜로운 사람을 생각해본다. 그리고 내가 그 사람인 것처럼 하루를 살아보도록 노력한다.
- 지혜에 관한 인용문을 읽고 이를 실천하기 위한 세부 단계를 다시 적어본다.
- 친구, 가족, 직장 동료 등과 갈등을 해결하도록 노력한다.
- 어떤 결정을 할 때 감성과 이성을 모두 활용한다.
- 나보다 어린 사람의 멘토가 되어준다.

사실 우리가 몰랐던 완전히 획기적인 방법은 아닙니다. 다 알고 있는데 잘 실천하지 못하는 방법들입니다. 그러니 지혜로워지기 위해 제일 중요한 건 실은 이런저런 결심을 하고 지식을 늘리고 하는 정신적인 태도나 능력이 아니라 마음먹은 것을 몸으로 직접 실천할 줄 아는 태도나 능력이 아닐까요? 누군가 제게 지혜가 무엇이냐고 물으면, '지혜를 실천할 줄 아는 실천력'이라고 대답하겠습니다.

기억은 선택이다

제주도로 강연을 갔을 때입니다. 강연 후 식사 자리에 함께한 두 명의 방송작가가 통성명을 끝낸 뒤 잠시 티격태격했습니다. 한 작가가 상대방을 통영에서 열렸던 세미나에서 본 적이 있다고 하자, 상대방이 자신은 태어나서 통영은 물론 세미나 같은 모임에는 단 한 번도 가본 적이 없다고 주장해서였습니다. 서로 자신의 기억이 더 정확하다며 하도 강력하게 티격태격해서 나중엔 지켜보는 사람들까지 어느 쪽 말이 맞는지가 궁금했는데, 결과는 무승부였습니다. 두 사람이 통영이 아닌 강릉에서 열린 세미나 자리에서 한 번 인사한 적이 있었던 겁니다. 한 사람은 강릉이라는 장소를, 한 사람은 세미나 참석 사실을 전혀 기억하지 못한 것이었습니다.

1986년 1월 28일, 미국의 우주 왕복선 챌린저호가 발사 73초 만에 공중에서 폭발하는 끔찍한 참사가 벌어졌습니다. 탑승하고 있던 우주인 7명 전원이 순식간에 사망한, 전 세계를 충격에 빠뜨린 참사였습니다. 이튿날 에모리 대학의 한 심리학자가 학생들에게 사고 소식을 들은 경로와 들은 내용 등을 글로 기록하게 했습니다. 그리고 2년 후에 같은 학생들을 대상으로 그 사고에 대해 설문 조사를 실시했습니다. 그러자 3분의 1 가량의 학생들이 사고가 일어난 시간과 장소, 사고 소식을 전해준 사람 등을 2년 전 써 냈던 기록과 전혀 다르게 기억하는 것으로 나타났습니다.

기억의 왜곡이나 변형, 망각은 사람에게 너무나 흔하게 일어나는 현상입니다. 뇌에 가해진 물리적인 충격이나 상처 때문에 일어나기도 하지만, 사람마다 그전까지의 경험이나 지식, 관심사 등을 체계화해 두는 머릿속 저장고의 기본 형태와 저장 방식이 달라서 일어나기도 합니다. 그런 차이 때문에 같은 사과에 대한 기억도 누군가의 저장고에 들어가서는 '사과'로 저장되지만, 누군가의 저장고에는 '붉은 색깔'로만 저장되고 누군가의 저장고에는 또 '가을날'로 저장되는 겁니다. 따라서 나중에 같은 사과에 대한 기억을 이야기하는데도 누군가는 한사코 사과는 본 적도 없다며 가을날에 대한 다른 추억만 줄곧 끄집어내는 겁니다. 기억력의 차이가 아니라 살아온 과정과 방식의 차이가 기억을 변형시키는 거지요.

기억도 쇼핑처럼 자신이 원하는 취향에 따라 달리 선택하는 겁니다. 따라서 기억의 사실성은 한 사람의 기억만이 아닌 많은 사람의 것을 합할 때 더욱 높아집니다. 그런가 하면 누가 무엇을 잊지 않고 잘 기억하는지, 유난히 잘 기억하는 항목들로 그 사람만의 능력이나 개성을 판별할 수도 있습니다. 또 무엇을 유난히 잘 기억하지 못하는가 하는 것도 그런 판별 기준이 될 수 있습니다.

그런가 하면, 무언가를 개인적인 저장고의 형태와 저장 방식에 영향을 받지 않고 사실적으로 정확히 기억해 두고 싶을 때는 다음과 같은 방식을 쓰라고 심리학자들은 권합니다. 1. 가능하면 한 시간 안에 사실을 구체적으로 꼼꼼히 기록해 둘 것. 2. 기억은 이성 못지않게 감정의 영향을 많이 받으므로 평소 감정 표현이나 감정의 기록을 풍부하게 할 것. 3. 주어진 것들을 자기 방식으로 이야기화해서 기억하는 습관을 지닐 것. 언제나 일기나 메모를 쓰되, 소설 쓰듯이 써야 최고의 기억력을 지닐 수 있는 셈입니다.

삼십대, 삶의 갈림길

얼마 전 강연을 마친 여성 최고 경영자와 저녁 식사를 함께 했습니다. 강연은 각 분야에서 뛰어난 능력을 자랑하는 경력 10년 이상의 30대 여성들을 대상으로 했다고 합니다. 그런데 더없이 당당하고 환할 줄 알았던 그 여성들의 표정이 짐작만큼 밝지 않았다고 합니다. 일을 잘해서 능력도 크게 인정받고 보수도 높다고 들었는데 왜 그럴까, 사회 분위기가 달라졌다고는 해도 여전히 미혼 여성들에게는 결혼에 대한 압박이, 기혼 여성들에게는 가사와 육아 부담이 여전히 커서 그럴까, 짐작하면서 강연을 시작했다고 합니다.

하지만 모두에게 짧막한 자기 소개를 시키면서 진짜 이유를 알게 됐다고 합니다. 자신의 짐작도 틀리지는 않았지만, 그들에게는 더 큰 고민이 있었습니다. 지금이 자신의 일과 인생 전체에 있어서 중요한 전환점은 아닌가, 지금이 어떤 중대한 결단을 내려야 할 시기가 아닌가 하는 고민이었습니다. 지금 다니는 회사를 그대로 다니면서 본격적으로 승진 과정에 뛰어들지, 이쯤에서 다른 회사로 옮길지, 아니면 회사에서 독립할지, 혹은 직업 자체를 다른 분야로 과감히 바꿀지, 박수 받고 떠날 수 있을 때 아예 직장 생활 자체를 과감히 접고 육아에만 몰두할지, 지금 뭔가를 결정하지 못하면 앞으로는 고민할 기회조차 없는 게 아닐까 하고 고민 중인 겁니다. 그래서 표정들이 밝지만은 않았던 겁니다.

참 대단한 여성들이다, 싶었습니다. 30대 중반에 벌써 그 시기의 중요성을 분명히 자각하면서 자신의 일과 인생을 넓은 차원에서 새롭게 돌아보고 가늠하니 말입니다. 나름대로 똑똑한 척 살아왔어도 저는 그 나이에서 한참 지난 이제 와서야 30대가 얼마나 중요한 시기였는지를 깨닫고 마냥 후회하고 아쉬워하는데 말입니다.

심리학자 대니얼 레빈슨(Daniel Levinson)은 30대를 "여성들의 인생 난이도가 '중'에서 갑자기 '최고 난이도'로 바뀌는 시기"라고 정의합니다. 《서른다섯의 사춘기》를 쓴 심리학자 한기연은 30대를 "현실 속 성인의 삶과 어릴 때 생각했던 환상 속 성인의 삶이 충돌하는 시기, 대학에 입학하면서 다 끝난 줄 알았던 진로 고민을 다시금 치열하게 하는 시기"라고 설명합니다. 그러면서 30대 여성의 심리 상태를 50대 남성의 심리 상태와 비교하기도 했습니다. 외모도 건강도 지식도 이전 같지 않은 데다 직장에서건 가정에서건 자신의 위상이 점점 축소되고 위축되다 못해 아예 사라져 가는 느낌의 50대 남성 심리와 비슷하다는 겁니다.

30대라고 하면 최승자 시인의 유명한 시 구절을 떠올리지 않을 수 없습니다. "이렇게 살 수도 없고, 이렇게 죽을 수도 없을 때 서른 살은 온다." 그러나 앞의 강연에 참석한 30대 여성들이 하는 고민과 갈등을 놓고 보면 이젠 30대야말로 오히려 "이렇게 살 수도 있고 저렇게 살 수도 있는 시기"가 된 게 아닐지, 저 대단한 시 구절을 감히 한번 뒤집어봅니다.

내 인생의 최고 시절은 언제?

인터넷의 고양이 애호가 커뮤니티에 가면 가끔 고양이를 키우지 않는 사람들이 게시판에 이런 질문을 올리기도 합니다. "고양이도 종류가 엄청 많던데, 어떤 종이 제일 예쁘고 사랑스러운가요?" 그러면 모두들 이렇게 대답합니다. "내가 키우는 내 고양이가 세상에서 제일 사랑스럽답니다." 저도 고양이를 키워봐서 아는데, 그게 그냥 하는 소리가 아닙니다. 키우기 전에는 분양가가 몇십만 원에서 몇백만 원까지도 하는 친칠라며 스코티시 폴드, 아비시니안 등 이른바 품종묘들만이 참으로 탐나고 예뻐 보입니다. 하지만 직접 키우기 시작하면 다릅니다. 길거리에서 흔하게 볼 수 있는 검고 흰 얼룩 고양이라도, 그게 제 고양이라면 그 고양이야말로 세상에 존재하는 오직 단 한 종의, 단 한 마리의 최고급 품종묘이자 세상에서 가장 사랑스럽고 예쁜 고양이가 됩니다.

뜬금없이 고양이 얘기를 꺼낸 것은 나이도 그럴 거라는 생각이 들어서 그렇습니다. 대개 20대야말로 제일 귀하고 값지고 가능성 많고 눈부신 나이라고들 합니다. 그 말이 사실이기도 합니다. 하지만 자신을 사랑하고 좋아하고 귀하게 여기기 시작하면, 아무리 나이가 들었더라도 자신의 나이가 20대 부럽지 않게 세상에서 가장 찬란한 나이처럼 느껴집니다. 자신을 사랑할 줄 몰랐던 20대보다 자신을 사랑할 줄 알게 된 40대, 50대의 지금이 훨씬 더 빛나는 '진정한 20대'처럼 느껴지는 겁니다. 인생 최고의 나이, 진정한 20대는 자신을 제대로 사랑할 줄 알게 된 시점부터 시작되는 겁니다.

1992년에 로자문드 필처(Rosamunde Pilcher)의 《조개 줍는 아이들》을 처음 접했을 때는 당시 우리나라에서 한참 인기를 누리던 미국 여성 대중소설 작가의 흔하고 시시한 통속 소설이라고 생각했습니다. 방송 원고를 쓰기 위해 할 수 없이 본다는 마음이었습니다. 하지만 책을 읽으면서 마음속으로 계속 작가에게 사과를 해야 할 만큼 좋은 소설이었습니다.

그런데 나중에 본 작가 인터뷰는 더 좋았습니다. 필처는 한 잡지 인터뷰에서 자신의 글쓰기 이력을 말하길, 자신은 열여덟 살 때부터 생계를 위해 글을 썼지만 그냥 평범한 수준이다가 20대, 30대를 넘어서며 점점 더 나아졌다고 합니다. 작가들이 자신에 대해 이렇게 말하기란 쉽지 않습니다. 누구나 처음부터 글 솜씨가 뛰어났다는 식으로 이야기하기가 더 쉽고, 실제로 그런 경우가 더 많기도 합니다. 그런가 하면 우리나라 문단만의 특징인지는 모르겠지만, 나이가 들면서 작품이 좋아지는 경우보다 그렇지 않은 경우가 훨씬 더 많기도 합니다. 그런데 로자문드 필처는 자신의 글 솜씨가 젊어서는 시시했는데 나이가 들면서 계속 발전해 왔다고 서슴없이 말하는 겁니다. 그러다가 '예순 살에야! 혹은 예순 살에는!' 자신을 신뢰하는 출판사로부터 대작을 써보라는 제의를 받았고, 그래서 쓴 작품이 《조개 줍는 아이들》이었다고 합니다. 그리고 그 작품으로 그녀는 비로소 제대로 인정받기 시작했습니다. 그 성공을 팔순의 필처는 인터뷰에서 이렇게 회고했습니다.

이 모든 것이 23년 전, 내 나이 예순 살 때 진짜로 시작됐어요. 대박을 터뜨린 거지요. 그 전엔 매사에 아주 순진했어요. 예순에 성공이 찾아온다는 것은 아주 멋진 일입니다. 돈의 가치도 알고, 혹시 애들이 있다면 다 컸고 이제 손주들 교육시킬 때가 됐겠지요. 좋은 때입니다. 많은 사람이 묻지요. "더 전에, 더 젊어서 성공했더라면, 하실 때는 없었나요?" "아니, 그런 생각 하는 건 분수 넘는 일이지. 그러지 않고도 즐겁게 잘만 살았는걸."

물론 성공했으니까 이렇게 말할 수 있는 것일 수도 있습니다. 하지만 "예순에 성공이 찾아오는 건 멋진 일"이라는 말이야말로 정말로 멋지고 대단하지 않은가요. 거기에다 그녀는 인터뷰 끝에 이런 멋진 말을 또 보탰습니다.

소라 허드(Thora Hird)라는 멋진 배우가 있었죠. 북부 잉글랜드 출신인데, 훌륭한 배우였어요. 나중에는 휠체어를 타는 것 같던데, 아흔 넘어서도 정정했고 무대에 섰어요. "대단해요, 소라."라고 누가 말했더니, "늙어서 일을 그만두는 게 아니라, 일을 그만두니까 늙는 거야."라고 했다죠? 단순한 것 같아도 그 말이 맞아요.

자신에 대해서 참으로 냉정하면서도 따뜻한 작가 필처의 《조개 줍는 아이들》 때문에 가보고 싶은 곳도 생겼습니다. 소설 속에 등장하는 '이비자'라는 곳입니다. 소설 속 가상의 지명이려니 생각했는데, 제 주변에 그곳을 좋아해서 몇 번이나 다녀왔다는 분이 있었습니다. 가면 왠지 로자문드 필처를 직접 만난 듯한 느낌이 들 듯한, 그래서 덩달아 대기만성의 멋진 노력형 작가가 될 수 있을 것 같은 이비자. 꼭 가볼 생각입니다.

분노를 가라앉히려면 청소를 하라

얼마 전 밤 9시쯤에 택시에서 내리다 옆구리를 부딪치는 바람에 파스를 사려고 급히 약국을 찾았던 적이 있습니다. 찾아간 약국들마다 다 문을 닫은 상태라 거의 포기할 즈음, 약간 외진 골목에서 간신히 아직 불이 켜진 약국을 발견했습니다.

하지만 약국에 들어선 순간 경악하지 않을 수 없었습니다. 약 상자들이 바닥이며 진열대에 팽개친 듯 쌓여 있는가 하면, 작은 소파 위에는 신문과 식염수 꾸러미가 역시 아무렇게나 쌓여 있고, 그 밑으로는 다 시든 화분이 비스듬히 쓰러질 듯 세워져 있는 등 하여튼 난장판이었습니다. 이사 직전이거나 공사 직전, 아니면 대청소 중이거나 누가 와서 행패를 부리고 간 듯한 모습이었습니다.

문 열리는 소리에도 한참 후에야 조제실에서 나온 약사는 할머니였습니다. 저는 이 속에서 파스를 찾아내실 수 있을까 생각하면서 증세를 설명한 뒤 다소 걱정스러운 마음으로 무슨 일이 있으신지 여쭤봤습니다. 상황이 딱하면 옆구리가 아무리 아파도 정리를 좀 도와드릴 마음이 있어서였습니다. 하지만 할머니는 짜증 섞인 목소리로 바로 쏘아붙였습니다. "왜요, 그건 왜 물어요?" 저는 할머니의 프라이버시를 크게 침해한 기분이 되어 민망해진 채 약과 파스만 받아들고 얼른 나왔습니다. 소설과 영화를 하도 많이 본 탓에 할머니가 뭔가에 크게 화가 나서 혼자 약국 안을 난장판으로 만드는 모습을 잠깐 상상하기도 했습니다.

심리학자인 캐슬린 캔들 태킷(Kathleen Kendall Tackett)은 '엉망진창과 스트레스야말로 남매지간'이라고 규정합니다. "서류 파일이 늘 제자리에 꽂혀 있고, 자동차 열쇠를 언제나 쉽게 찾을 수 있으며, 입을 옷이 항상 깔끔하게 준비되어 있는 것만으로도 우리 삶은 생기를 되찾을 수 있다."고 강조합니다.

한편 공간 컨설턴트이자 상담사인 캐스린 로빈(Kathryn Robyn)과 돈 리치(Dawn Ritchie)는 아예 집이나 사무실 같은 모든 공간의 청결 상태가 인간의 삶에 심리적 문제를 일으키기도 하고 해결해주기도 한다고 주장합니다. 이를테면 최근 들어 분노와 허전함이 유난히 커졌다든지, 쇼핑을 지나치게 많이 한다든지, 왠지 의지할 데가 하나도 없는 기분이라면 그건 주방에 문제가 있다는 뜻이라고 합니다. 따라서 주방을 잘 청소하거나 알맞게 정리하는 것만으로도 그런 문제나 감정들을 어느 정도 해결할 수 있습니다. 같은 식으로 심한 피로감이나 알레르기, 불면증은 침실 청소로, 친구 관계나 사회적 관계에서 겪는 어려움은 거실 청소로 어느 정도 문제를 해소할 수 있습니다. 무엇보다 일에 대한 의욕도 떨어지고 재능도 잘 발휘되지 않는 기분이거나 경제적인 문제에 시달릴 때는 작업 공간을 청소하라고 합니다. 공간에 담긴 에너지야말로 사람의 일상에 직접적으로, 그리고 구체적으로 영향을 끼치기 때문입니다.

일본의 소비행동 연구가인 다쓰미 나기사 또한 우리의 삶은 "여차하면 어떻게든 버려야지 하면서도 버리지 못하는 물건들과 무심코 놔뒀다가 쌓이는 물건들의 늪"에 빠지기 일쑤임을 강조합니다. 그 늪에서 빠져나오려면 뭔가를 '일단 보관한다'든지 '임시로 여기에 둔다'든지 '언젠가 사용할지도 모르니 놔둔다'는 생각부터 없애라고 합니다. 또한 광고 팸플릿이나 카탈로그처럼 한번 보고 그 자리에서 즉시 버려야 할 것과 세금 영수증처럼 최소 몇 년간은 보관해야 할 것을 '단호하고 정확하게' 구분하는 힘부터 기르라고 강조합니다. 저도 잠시 글을 멈추고 제 스트레스와 '남매지간'인 책상 위부터 좀 정리해야겠습니다.

지키지 못할 결심도 하는 게 낫다

'결심'의 사전적 정의는 '할 일에 대해 어떻게 하기로 마음을 굳게 정하는 것'입니다. '결정'의 사전적 정의는 '행동이나 태도를 분명하게 정하는 것'입니다. '결심'은 마음을 정하고 '결정'은 행동을 정하는 것이니 '결정'이 좀 더 실천적이랄까요? 어떤 예문에는 "재수는 하기로 '결심'하고 재수 학원은 어디를 다닐 것인지 '결정'하는 것"이라고 설명되어 있기도 합니다. 하지만 일상에서는 두 단어를 큰 구별 없이 섞어 쓰기도 합니다.

한번은 결심에 관한 통계를 보고 좀 놀란 적이 있었습니다. 결심을 한 뒤 그것을 실제로 지키는 사람의 비율이 약 12퍼센트라는 통계였습니다. 비율이 생각보다 낮아서가 아니라 높아서 놀랐습니다. 결심이란 거의 지키지 못하는 것이라고 생각해서 아예 하지 않는 편인데, 백 명에 열두 명이나 지킨다니 대단한 사람들이 꽤 많구나 싶었던 겁니다.

  심리학자들은 실천을 못 하더라도 결심은 "어쨌든 하는 게 안 하는 것보다는 낫다."고 합니다. 마음에 새로운 자극과 환기가 되기 때문입니다. 또 결심을 실제로 실천하려면 최고의 비법은 "결심의 양이나 항목을 정말 지키고 싶은 것 딱 한두 가지로 제한하는 것"이라고 합니다. 공부, 운동, 악기 배우기, 여행 등등 모든 것을 다 잘 해보겠다고, 그래서 완전히 새로운 일상을 살겠다고 결심할 게 아니라 '하루에 30분씩 운동하기' 하나만은 꼭 지키겠다고 결심하는 게 최선이라는 겁니다.

  그런 다음엔 미국 최고의 학생 코칭 전문가로 꼽히는 데이브 엘리스(Dave Ellis)의 조언을 참고해볼 차례입니다. 엘리스는 결심을 했으면 그것을 반드시 노트나 수첩에 옮겨 적는 '결심 선언'을 하라고 합니다. 단 그 선언은 반드시 부정문이 아닌 긍정문 형식으로 써야 합니다. 가령, "강의 시간에 졸지 않을 것이다."라고 쓰지 말고 "강의 시간에는 맑은 정신으로 깨어 있을 것이다." 식이어야 합니다. 더불어 '노력하겠다' 식의 문장도 쓰지 말아야 합니다. '노력'이란 단어는 참 좋은 단어지만, 어떤 결심에 '노력'이란 조건을 달면 "그래도 난 강의시간에 졸지 않으려고 노력했어, 그러니까 된 거지." 식으로 자기 합리화에 빠지기 쉽기 때문입니다.

그런가 하면 영국의 심리학자 리처드 와이즈만(Richard Wiseman)은 성별에 따라서 서로 다른 결심 실천 방법을 쓸 것을 권합니다. 운동을 예로 들자면 남자들의 경우에는 어떤 운동을 어느 정도로 어디서 할 것인가 하는 최대한 구체적인 사항들에 중점을 두는 게 좋습니다. 반면에 여자들은 일단 "나, 운동하기로 결심했어." 하고 소문부터 내는 게 중요합니다. 남자들은 행동을 중요하게 생각하고 여자들은 주위 사람들과의 약속이나 신뢰감을 더 중요하게 생각하기 때문입니다.

이번에는 엘런 랭어(Ellen Langer)와 신시아 웨인먼(Cynthia Wayneman), 두 심리학자가 중요한 결정 앞에서 참고하라고 권하는 실험 결과를 소개하겠습니다. 두 심리학자는 어느 날 직접 녹음기를 들고 나가 길에서 만난 구직자들에게 부탁했습니다. 우선 모든 구직자들을 '그 자리에서 즉시 대답을 해줄 사람들'과 '집에 돌아가서 생각해본 다음 대답해줄 사람들'로 구분한 다음, 그들을 다시 두 그룹으로 나누어 A그룹에게는 '보스턴이나 뉴욕 같은 곳에서 직장 구하기의 어려움'에 대해, B그룹에게는 '알래스카에서 직장 구하기의 어려움'에 대해 말해줄 것을 부탁했습니다.

구직자들의 답을 최종 종합한 결과 보스턴이나 뉴욕에 관한 질문을 받은 A그룹의 경우에는 그 자리에서 즉시 나온 대답이 훨씬 우수했습니다. 반면 알래스카에 관한 질문을 받은 B그룹에서는 하루나 이틀 정도 생각할 시간을 가졌던 사람들의 대답이 훨씬 우수했습니다. 일반적으로 잘 알려졌거나 익숙한 것에 관한 답은 즉답이 낫고, 알래스카처럼 평소에 잘 생각해보지 않은 사항에 대한 답은 하루나 이틀쯤 깊게 생각한 뒤의 신중한 대답이 더 나았던 겁니다.

"알 만한 것에는 빨리 대답하고, 모를 만한 것에는 신중하게 대답해야 한다." 따로 참고할 것도 없는 너무나 당연한 결론 같습니다. 하지만 실제로는 신중히 생각해보고 대답해야 할 결정 사항에 즉답을 하는 경우도, 혹은 빨리 결정해주어야 할 일에 즉답을 하지 않아서 문제가 생기는 경우도 참 많습니다. 그러니 어떤 결정을 앞두고 답을 생각하기 전에 먼저 문제 자체가 즉답이 필요한 것인지, 아니면 좀 더 신중히 생각해볼 시간이 필요한지를 판단하는 것도 중요하겠습니다.

흔히 하는 말 중에 "인디언이 기우제를 지내면 반드시 비가 온다. 왜냐하면 비가 올 때까지 지내니까."라는 말이 있습니다. 결심이나 결정은 뭔가를 실천하기 전에 하는 '사전 작업'으로만 여겨집니다. 일단 시작부터 하고 줄기차게 반복함으로써 그것을 '좋은 결심'이나 '훌륭한 결정'으로 만들어내는 '사후 작업' 식의 발상도 필요합니다. 비가 안 오면 올 때까지 계속 기우제를 지내보는 겁니다. 그 정도로 노력하면 어떤 결심이나 결정도 좋은 결과를 내지 않을까요? 아, 노력이란 말은 쓰지 말라고 했던가요.

일이 풀리지 않을 때는 비틀어보라

영국의 철학자 마틴 코언(Martin Cohen)의 《비트겐슈타인의 딱정벌레》에 나오는 이야기입니다. 미국의 직업 적성 시험에 이런 문제가 출제된 적이 있다고 합니다. "한 남자가 오토바이를 타고 차가 전혀 다닐 수 없는 길을 가다가 도움이 다급한 세 사람을 만났다. 첫 번째, 지금 당장 병원에 가야 할 노파. 두 번째, 예전에 자신의 생명을 구해준 적이 있는 오토바이 동호회 회원 남자. 그는 바로 시내로 가지 않으면 직장을 잃을 상황이다. 마지막으로 너무나 오랫동안 찾아 헤맸던 완벽한 이상형의 여성. 오토바이에는 당장 한 명만 태울 수 있다. 모두를 만족시킬 수 있는 최선의 선택은 무엇이겠는가."

그 시험에서 최고 점수를 받은 답은 이랬다고 합니다. "오토바이 동호회 회원인 남자가 오토바이에 노파를 태워 병원에 데려다주게 하고, 그 다음에 직장으로 가면서 구조대를 보내 달라고 한다. 그동안 오토바이 주인은 이상형의 여성과 함께 있으면서 구조대를 기다린다." 듣고 보면 참으로 쉬운 답입니다. 하지만 오토바이에 "한 명만 태울 수 있다"는 조건에 얽매이면, 즉 주어진 조건을 곧이곧대로만 받아들이면 결코 쉽게 생각해낼 수 없는 답이기도 합니다.

  방송 원고를 쓰다 보면 어떤 글감이 유난히 잘 안 풀릴 때가 있습니다. 특히 중간 정도까지 썼는데 얘기가 더 진전이 안 될 때가 많습니다. 초보 시절에는 그래도 거기까지 쓴 게 아까워 어떻게든 이어보겠다고 그 부분에서 꼼짝도 않고 버텼습니다. 오히려 더욱 집중하면서 이러다 보면 결국은 나오겠지, 하고 무작정 버텼습니다. 하지만 경력이 약간 늘면서부터는 그렇게 글이 말썽을 부릴 조짐이다 싶으면 얼른 그 부분을 벗어나 처음으로 돌아갑니다. 그리고 시작 부분을 최대한 다른 각도로 비틀어봅니다. 정반대 쪽에서 시작해보기도 하고, 좀 전과는 다른 결론을 가정해보기도 합니다. 그러면 꼼짝 않고 버티던 문제가 비로소 좀 수월하게 풀리기도 합니다. 뭔가가 잘 안 풀리거나 막막할 때 고정된 지점이나 곧이곧대로 생각하던 것에서 약간 비껴서 보는 건 분명 큰 도움이 됩니다.

직관도 훈련의 산물이다

수학 법칙 중에 '페르마의 마지막 정리'라고 불리는 법칙이 있었습니다. 300년이 넘도록 누구도 풀지 못한 수학 법칙이었습니다. 1908년에는 2만 달러에 이르는 상금까지 내걸고 해답을 찾았지만 끝끝내 상금을 가져간 수학자가 없었다고 합니다. 프린스턴 대학의 수학자 앤드루 와일스(Andrew Wiles) 역시 30여 년 이상 노력했지만 풀 수가 없었습니다.

그런데 거의 포기 상태에 이른 어느 날 아침입니다. 갑자기 거짓말처럼 '번쩍' 하고 해법이 떠올랐습니다. 와일스는 그 순간을 이렇게 묘사했습니다. "그것은 믿을 수 없을 만큼 아름다웠다. 너무나 단순하고 우아했다. 그동안 내가 왜 그것을 놓쳤는지 이해할 수 없을 정도였다. 도저히 믿기지 않아 20분 동안 가만히 그것을 바라보았다. 그러고는 하루 종일 돌아다니다 연구실로 돌아와 그것이 여전히 거기에 있는지 확인했다. 그것은 여전히 거기에 있었고 나는 참을 수 없을 만큼 흥분됐다."

개인적으로는 30여 년 만에, 수학의 역사로는 몇백 년 만에 푼 것이니 충분히 그럴 만도 했을 겁니다. 사회심리학자 데이비드 마이어스(David Myers)는 이 이야기를 인용하면서 와일스가 어느 날 아침 갑자기 생각해낸 '아름다운' 답 같은 것은 바로 '직관의 힘'에서 나오는 것이라고 해석합니다. 직관은 깊은 지식이나 생각 없이도 어느 순간 즉시 무언가를 알아채는 정신적인 힘의 일종입니다. 마이어스는 그 직관이 어디에서 나오는지를 또한 이렇게 설명합니다. "(직관은) 전문 지식과 사물을 새롭게 보는 상상력과 대담함, 스스로 어떤 일에 기꺼이 파고드는 내적 동기"가 "미리 충분히 준비되고, 쌓였을 때 나오는 것이다." 즉흥적으로 보이는 직관도 실은 미리 길고 깊게 다져진 준비에서 나온다는 겁니다.

심리학자 시부야 쇼조는 현대인을 열광시키는 축구야말로 사냥을 닮은, 수렵적 특성이 강한 스포츠라고 평가합니다. 따라서 동물의 움직임에 늘 즉각적으로 반응해야 하는 사냥에 필요한 직관, 즉 즉각적인 순발력이 축구에서도 가장 중요하다고 말합니다. 그런데 축구 코치나 감독들은 그런 순발력도 타고난다기보다는 꾸준한 연습에 의해 획득된다고 말합니다. 지속적인 사전 연습 없이는 그 어떤 뛰어난 순발력도 얻기가 거의 불가능하다는 겁니다.

'학습의 3대 법칙'으로 유명한 심리학자 에드워드 손다이크(Edward Thorndike)도 "어떤 행동을 하기 전에 준비가 많이 갖춰져 있을수록 그 행동을 잘할 수 있다"를 3대 법칙에 넣고 있습니다.

가끔 주위를 둘러보면 평소에 공부도 별로 하지 않는데 시험만 보면 좋은 성적을 받거나 쉽게 합격하는 듯한 친구가 있습니다. 별로 준비도 하지 않는데 번번이 좋은 성과를 거두는 직장 동료도 있습니다. 얄밉기도 하고 억울하기도 합니다. 하지만 전문가들에 따르면 그들에게도 분명 알게 모르게 수많은 준비와 연습의 시간들이 있었던 겁니다. 그런 준비와 연습이 보통의 경우처럼 책상에 계속 앉아 있는다든지 책을 펴놓고 거기 나오는 지식을 곧이곧대로 줄줄 외운다든지 하는 식으로 겉으로 드러나는 형태가 아닐 뿐이지, 실은 머릿속으로 알게 모르게 창조적인 사고의 힘을 축적하면서 직관을 발휘할 순간을 준비하고 있었던 셈입니다. 앤드루 와일스가 그러했듯이 말입니다.

기대를 낮추면 실망도 줄어든다

 이번엔 숫자와 관련된 심리 실험 이야기를 해보겠습니다. 두 사람 이상이 있다면 바로 직접 시도해보셔도 좋을 실험입니다. 자, 1부터 8까지의 숫자를 차례로 곱하는데 단, 한 분은 1×2×3×4×5×6×7×8 식으로 오름차순으로 곱했을 때의 답을, 다른 한 분은 8×7×6×5×4×3×2×1 식으로 내림차순으로 곱했을 때의 답을 '즉시' 대답해보기 바랍니다. 절대 정확히 계산해서 답하면 안 됩니다. 그냥 짐작 가는 대로, 느낌대로 즉흥적으로 대답해야 합니다. 과연 답에 어떤 차이가 있는지요?
 《심리 상식 사전》을 쓴 심리학자 마테오 모테를리니(Matteo Motterlini)에 따르면 1부터 8까지 오름차순으로 곱한 그룹이 내놓은 답은 평균 512였습니다. 하지만 8부터 1까지 내림차순으로 곱한 그룹의 답은 그보다 네 배쯤이나 더 많은 2,250이었습니다. 똑같은 숫자를 곱하게 했는데도 결과에 엄청난 차이가 있는 겁니다. (모테를리니가 계산한 것은 평균 수치입니다. 누구나 높은 숫자에 더 높은 답을 말했다는 건 아닙니다.)

모테를리니는 또 하나의 예를 들었습니다. 복사 용지를 반으로 계속 접어 100번을 접으면 최종 두께가 얼마나 될까요. 대부분의 사람들은 많아봐야 수십 미터쯤 될 것이라고 답합니다. 하지만 실제 두께는 지구에서 태양까지의 거리에다 8조의 10만 배를 곱한 두께입니다. 우리로선 계산도, 상상도 하기 힘든 수치입니다. 그런데도 사람들이 수십 미터일 것이라고 짐작하는 건 처음 주어진 복사 용지가 아주 얇기 때문이라고 합니다.

이것이 바로 심리학에서 말하는 '닻 내리기 효과'입니다. 사람들은 뭔가를 계산하거나 생각할 때 심리적으로 처음에 주어진 크기에 닻을 내리고 그것을 기준으로 전체를 짐작한다는 이론입니다.

제가 아는 심리학과 대학원생 중에 이 '닻 내리기 효과'를 일상에 활용해서 효과를 봤다는 학생이 있습니다. 한동안 어떤 모임이나 만남이든 막상 가서 보면 모임 참석자들의 면면이나 분위기가 자신의 예상과는 정반대일 때가 너무 많았다고 합니다. 이를테면 오늘은 반가운 사람들도 많이 나오고 정말 즐거울 거다, 하고 잔뜩 기대를 하고 가보면 아무도 안 오는, 굳이 가지 않았어도 되는 상황이었습니다. 반면에 굳이 가지 않아도 되겠지, 하고 생각하고 안 갔을 때는 모처럼 모두 다 참석한 즐거운 모임에 혼자만 빠졌다는 것을 뒤늦게 알기 일쑤였습니다. 이른바 머피의 법칙이기도 합니다. 결국 그 대학원생은 모든 모임에 대한 기대치를 대폭 낮추는, '기대치의 닻 내리기'를 하기로 했습니다. 어떤 모임이나 만남이든 그에 대한 기대치를 낮춘 겁니다. 덕분에 약속을 앞두고 느끼던 설렘이나 들뜸도 덩달아 낮춰야 했지만, 그래도 낮은 쪽으로 '닻 내리기'를 한 덕분에 그 후론 어떤 모임, 어떤 만남의 자리든 실망보다 즐거움이 커졌다고 합니다.

어떤 일이나 희망이 자꾸 어긋나는 느낌이 들 때는 평소의 예상이나 기대치와는 정반대인 곳에 닻을 내려볼 일입니다.

용서하기 가장 어려운 대상은?

　최근에 인상 깊게 본 영화 중에 수잔 비에르 감독의 〈인 어 베러 월드(In a Better World)〉라는 덴마크 영화가 있습니다. 폭력과 상처, 그리고 용서에 대해 참 많은 것을 생각하게 하는 영화인데, 그중에서도 등장인물들 간의 용서의 문제에 대해 특히 많은 것을 생각하게 하는 영화입니다.
　가령 이런 장면에서도 그렇습니다. 아프리카로 의료 봉사를 다니는 의사인 주인공 안톤은 덴마크 집으로 돌아와 있던 어느 날, 어린 아들과 아들의 친구를 데리고 이웃 마을로 놀러갑니다. 그런데 이웃 마을 놀이터에서 놀던 아들과 그 마을 아이 사이에 작은 다툼이 생깁니다. 그러자 이웃 마을 아이의 아버지가 나타나 자기 아이를 괴롭혔다고 다짜고짜 안톤의 뺨을 때립니다. 그러나 안톤은 뜻밖에 아무런 대응도 하지 않은 채 우는 아이들을 차에 태우고 그대로 집으로 돌아옵니다. 다만 차 안에서 아이들에게 폭력에 폭력으로 맞서서는 안 된다는, 그러면 똑같은 사람이 될 뿐이라는 이야기만 해줄 뿐입니다.

똑같이 폭력을 휘두르는 사람이 되지 않기 위해 무대응의 용서를 택한 것 같은 안톤은, 그래서 오히려 무기력하고 심지어 비겁하게까지도 보입니다. 그러나 안톤은 며칠 후 아이들을 데리고 자신의 뺨을 때렸던 남자가 일하는 정비소로 찾아갑니다. 그리고 남자에게 내가 당신을 겁내지 않는다는 것을 아이들에게 보여주기 위해 다시 왔다고 말합니다. 남자는 빈정대면서 또 다시 다짜고짜 안톤의 뺨을 때립니다. 한 대, 두 대, 안톤은 절대 피하지 않은 채 때리는 대로 다 맞습니다. 그러다 주위 사람들이 남자를 만류하자 이것으로 내가 겁이 나서 피한 게 아니란 게 증명됐다고 말하고 아이들을 데리고 다시 차에 오릅니다.

참 심란했습니다. 용서의 문제에 답을 얻은 게 아니라 오히려 회의와 절망만 얻은 느낌이었습니다. 안톤이 정비소를 찾아갈 때 내심 정의의 이름으로 말도 안 되는 남자를 한껏 두들겨 패줄 것을 기대했는지도 모르겠습니다. 그렇게 하는 것이 오히려 용서를 위한 정당한 대응이자 응징이라고 기대했을 겁니다. 그러나 진정한 용서란 그런 게 아니겠죠.

미국 풀러 신학대의 루이스 스메디스(Lewis Smedes) 교수가 쓴 《용서의 기술》은 용서에 관한 기념비적인 저서로 꼽힙니다. 그 책에서 스메디스는 우선 용서를 생각할 만한 일과 그렇지 않은 일부터 구분하라고 조언합니다. 우리가 겪는 상황이나 감정 중에는 용서의 문제가 아닌데도 그렇게 착각하기 쉬운 문제들이 아주 많기 때문입니다. 이를테면 은행이나 식당에서 줄을 서 있는데 누군가가 나를 제치고 새치기했을 때에 느껴지는 '약오름', 훌훌 털고 떨쳐버리면 그만인 '무시당했다는 느낌', 배신과는 다른데도 용서할 수 없는 배신감으로 느껴지는 '실망감', 그리고 자기 자신의 실패로 마이너리그 인생에 빠졌다고 느끼는 '소외감' 등은 용서와는 상관없는 문제들이고 감정들입니다. 그런데도 대부분 이런 감정들까지 전부 용서의 문제로 받아들여서 일상 속의 숱한 일들이 용서의 문제로, 응징과 복수의 문제로 확대된다는 겁니다. 그런 확대야말로 인생을 황폐하게 만듭니다. 그러니 용서를 생각해야 할 만한 일과 그렇지 않은 일부터 구별할 줄 아는 판단력이야말로 용서의 절반이라고 해도 무리가 아니라고 합니다. 스메디스가 정말로 용서를 생각해야 할 만한 심각한 사유나 상황으로 꼽은 것은 '상대방에게 성실을 지키겠다는 약속을 어기는 불성실과 배신, 그리고 학대'뿐입니다.

그런가 하면 용서와 관련해 빼놓을 수 없는 문제가 '화해'입니다.

완전한 용서란 화해까지 마친 상태의 용서라고 할 수 있습니다. 《복수의 심리학》의 마이클 맥컬러프(Michael McCullough)는 화해와 용서는 둘 다 '회복'이되, 조금 다른 것을 회복하는 것이라고 규정합니다. 화해는 가해자가 문제가 됐던 태도를 바꿈으로써 일어나는 '관계의 회복'이고, 용서는 나를 힘들게 한 사람에 대한 나쁜 의지를 극복하고 선한 의지를 회복하는, 더 개인적이고 내면적인 '감정의 회복'이라는 겁니다. 그러면서 맥컬러프는 용서와 화해가 가장 필요한 대상, 그럼에도 그 두 가지를 실천하기에 가장 어려운 대상은 모르는 사람들이 아닌 가까운 사람들임을 보여줍니다. 가까운 사이일수록 감정을 차분히 가라앉힐 물리적인 거리와 시간적인 여유가 부족해서일까요.

그래도 앞의 영화 〈인 어 베러 월드〉를 보노라면 그나마 용서할 수 있고 화해할 수 있는 사람은 가까운 사람들이란 생각이 들기도 합니다. 그리고 주인공 안톤이 느닷없이 맞은 뺨은 그가 혼외 사랑으로 아내에게 주었던 마음의 상처와 같은 성질이 아니었을까, 결국 아내에게 용서를 빌기 위해 느닷없는 따귀를 고스란히 견딘 게 아닐까 뒤늦게 용서의 순환고리를 생각해보게도 됩니다.

상사가 없는 월요일

✿

 일본 추리소설계의 인기 작가인 아카가와 지로의 소설 중에 〈상사가 없는 월요일〉이라는 제목의 소설이 있습니다. 제목을 듣는 것만으로도 벌써 흐뭇해지는 기분이라면 요즘 상사로 인한 스트레스가 큰 분들이겠습니다. 하긴 직장 상사란 특별히 큰 스트레스를 주지 않아도 부담과 긴장이 느껴지는 대상이기도 합니다.
 〈상사가 없는 월요일〉의 무대인 작은 문구 회사 직원들은 어느 월요일 아침에 그런 부담과 긴장과 잔소리와 질책의 주인공들인 상사들이 한두 명도 아니고 사장에서부터 부장, 과장에 이르기까지 모두 다 결근했다는 것을 알게 됩니다. 저마다 급한 일로 휴가를 내거나 병가를 낸 겁니다. 말단 직원들은 환호성을 올리고 사무실은 갑자기 축제 분위기로 바뀝니다.
 하지만 한껏 그 분위기를 만끽하려던 순간 사무실 전화벨이 요란하게 울립니다. 당장 책임자가 와서 불량품 문제를 해결하지 않으면 거래를 끊겠다는 전화입니다. 이어서 한 떼의 주부들이 사무실로 들이닥칩니다. 당장 책임자와 면담이 되지 않으면 문구 운반 트럭 앞에서 실력 행사에 들어가겠답니다. 축제 분위기는 순식간에 사라지고 오히려 다른 월요일보다 훨씬 더 머리 아프고 힘든 월요일이 시작됩니다. 상사가 간절히 필요한 월요일이 된 겁니다.

실제 현실에서도 이런 식의 극적인 계기가 있다면 좋겠지만, 현실에서 상사와 겪는 갈등은 혼자 스스로 해결해야 할 때가 더 많습니다.

심리학 실험 이론 중에 '둔커의 방사선 효과'라는 이론이 있습니다. 심리학자 카를 둔커(Karl Duncker)의 실험에서 나온 이론입니다. 둔커는 실험 참가자들에게 이런 질문을 했습니다. 어떤 위암 환자에게 방사선 치료가 유일한 치료법인데, 방사선의 강도를 너무 높여 쓰면 건강한 세포까지 해칠 수 있고 너무 낮춰 쓰면 암세포를 없애기가 힘들 경우 어떤 쪽을 선택해야 할까 하는 질문이었습니다. 참가자들이 선택한 답은 대부분 "어쩔 수 없는 상황이므로 건강한 세포를 포기하고 강도 높은 방사선을 쓴다."였습니다. 달리 어쩔 도리가 없다고 생각한 겁니다.

하지만 그렇지 않습니다. 둔커는 두 가지 선택의 단점을 다 극복할 수 있는 해결책을 제시합니다. 바로 "암세포를 향해 여러 방향에서 동시에 낮은 강도의 방사선을 쏘는 것"입니다. 그러면 낮은 강도의 방사성이 건강한 세포를 해치지 않고도 암세포 한곳에 모여 몇 배 강력해진 힘으로 암세포를 파괴할 수 있다는 겁니다. 높은 강도냐, 낮은 강도냐 하는 두 가지 대립된 방법 중에서 어느 한쪽을 선택하려 할 때는 나오지 않던 해결책이 두 가지 방법을 함께 묶어서 재배치하니 쉽게 나온 겁니다. 바로 이것, "어떤 딜레마에 빠졌을 때 딜레마를 유발한 조건들을 제각각 따로 떼어 생각하면 답이 없지만, 그 조건들을 서로 묶고 연관시키고 달리 배치해보면 답을 구할 수 있다."는 것이 '둔커의 방사선 효과' 이론입니다.

직장 상사로 인한 스트레스나 갈등이 심할 때는 저 사람이 회사를 그만두느냐, 내가 그만두느냐 하는 양자택일의 극단밖에는 방법이 없는 것처럼 느껴지기도 합니다. 그러나 현실적으로는 양쪽 다 불가능한 선택일 때가 대부분입니다. 그러니 분노와 고통만 더욱 커지기도 합니다.

그럴 때에도 '둔커의 방사선 효과'를 활용해볼 수 있습니다. 다만 이 경우에는 방사선을 한곳에 모으는 게 아니라 오히려 사방으로 분산시켜야 합니다. 갈등 관계인 상사에게로만 자꾸 집중되는 신경을 다른 상사나 동료들에게로 분산시키는 겁니다. 업무에서도 의도적으로 다른 업무의 가능성이나 새로운 아이디어 활용에 몰두해봅니다. 불가능해 보이고 불필요해 보여도 사표를 쓸 수 없다면 해보는 겁니다.

제가 아는 사람은 방법을 찾다, 찾다 지쳐서 다 포기하고 한동안 퇴근 후에 프랑스어 학원 다니는 데에 재미를 붙이려 애썼습니다. 평생 프랑스어 쓸 일은 전혀 없을 업무인데 그나마 프랑스어에 관심이 있는 편이라 선택한 겁니다. 그러다 야근할 때는 학원 가는 시간 때문에 오히려 상사와 마찰이 더 커지는 듯도 했지만, 인생이 짧지만은 않습니다. 상사 피하느라 괜한 곳에다 애꿎은 노력만 들이는 것 같던 그 프랑스어 덕분에 그 사람은 회사가 예정에 없던 프랑스 지사를 새로 개설했을 때 지사장으로 승진해서 프랑스로 발령이 났습니다. 누군가와의 갈등이든, 다른 문제든 해결책이 정 없다 싶을 때는 여러 각도에서 약하게 방사선을 쏘아 효과를 보는 '둔커의 방사선 효과', 한번 활용해보시기 바랍니다. 그러다 그것도 도저히 효과가 없다 싶을 때는 사표, 내버리는 겁니다. 두려움 없이.

자기 모니터링 능력을 키우려면

　원형 경기장에서 왕이 수많은 군중이 지켜보는 가운데 평소 죽이고 싶던 검투사에게 이렇게 말합니다. '삶'과 '죽음'이라고 쓰인 두 장의 종이를 날릴 테니 그 중 한 장을 집어 들되, 만약 집어 든 종이가 '삶'이면 살려주겠지만 '죽음'이면 죽이겠다는 겁니다. 검투사는 알고 있습니다. 두 장의 종이 모두에 '죽음'이라고 써 있다는 것을. 어느 쪽을 집든 죽게 되어 있는 겁니다. 하지만 얼마 후 왕이 날려 보낸 두 장의 종이 중 하나를 집어 들었는데도 검투사는 죽지 않았습니다. 어떻게 가능했을까요?
　심리학자 필립 카터(Philip Carter)는 이 이야기를 만화로 그렸을 때 마지막 장면에서 검투사가 왕에게 했을 말을 말풍선 안에 채워보라고 주문합니다. 검투사의 입장이 되어 그 상황을 가장 설득력 있으면서도 기발하고 독창적으로 해결할 수 있는 말을 찾아보라는 겁니다. 그렇게 찾은 말은 곧 그 사람의 '자기 모니터링' 능력을 알려주는 지표가 된다고 합니다.

또 다른 심리학자 로버트 터너(Robert Turner)도 말풍선을 이용해 자기 모니터링 능력을 측정하는 심리 실험을 했습니다. 실험 참가자들에게 만화 한 컷과 더불어 테니스화, 손목시계, 크레용 등의 단어를 제시하고 그 단어들을 활용해 말풍선에 들어갈 대사를 만들도록 한 것입니다. 그 결과 자기 모니터링 능력이 뛰어난 사람일수록 말풍선을 더욱 재치 있고 재미있는 대사로 채우는 것으로 나타났습니다.

자기 모니터링 능력이란, 자신이 다른 사람들을 대할 때 감정 표출을 어떤 식으로 어떻게 하는지를 주의 깊게 관찰하고 돌아보면서 그 정도나 방법을 스스로 통제하거나 조절하고 조정하는 능력을 뜻합니다. 방송 프로그램을 모니터해서 장단점을 찾아 보완하고 조정하듯이, 사람을 대하는 자기 모습을 스스로 모니터하면서 보완하거나 개선하는 능력인 겁니다. 상대방이나 상황에 따라 얼른 자신을 바꾸어 가며 대처하는 능력이니 지나치면 가식적이고 위선적인 자기 연출이 되기 쉽지만, 그 점만 경계하면 빠른 상황 판단과 타인에 대한 깊은 이해심, 뛰어난 유머 감각을 이끌어내는 좋은 능력입니다.

그러고 보니 만화 한 컷을 제시해주고 빈 말풍선에 들어갈 말을 매주 모집하는 한 잡지의 독자 코너가 생각납니다. 응모된 대사 가운데 가장 재미있는 것 세 개를 뽑아 다음 호 잡지에 소개하는데, 볼 때마다 그 재치와 순발력에 늘 감탄하게 됩니다. 나라면 겨우 이런 대사 정도나 생각해낼 텐데 그보다는 이렇게 말하거나 대응하는 게 훨씬 재미있고도 인상적이겠구나, 하고 매번 배우기도 합니다. 타인의 말풍선을 통해 자기 모니터링 능력을 배우는 셈입니다.

그런가 하면 얼마 전 어느 인터넷 게시판에서는 일본 연재 만화의 한 페이지가 화제였습니다. 주인공의 말풍선에 담긴 대사 내용은 웃었다가 화를 냈다가 하는 식으로 계속 바뀌는데 표정은 다 똑같이 서였습니다. 만화가가 마감 시간에 쫓겨 얼굴 표정을 대사에 맞게 바꿔 그리지 못했을 거라는 짐작이 대세였는데, 아무런 자기 모니터링 없이 계속 똑같은 표정만 짓고 있으면 얼마나 이상하고 어색한지를 보여주는 사례이기도 했습니다. 흔히 속마음을 드러내지 않는 표정을 포커페이스나 크렘린 같다고 하는데, 무슨 말을 하든, 또는 무슨 말을 듣든 내용과 상관없이 시종일관 똑같은 표정을 짓고 있는 사람을 상대하면 인간성이 느껴지지 않아 마네킹이나 로봇을 대하는 느낌이 듭니다. 자기 모니터링 능력이 전혀 없는 사람이 주는 인상도 아마 그럴 겁니다.

이제 앞의 검투사 이야기로 돌아가서, 필립 카터가 제시한 자기 모니터링 능력이 높은 사람의 대답을 옮겨보겠습니다. 검투사는 왕이 두 장의 종이를 날리자마자 한 장을 집어 들어 바로 삼켜버립니다. 그러곤 나머지 한 장을 왕에게 내주면서 모두가 지켜보는 가운데 이렇게 말합니다.

"제가 집어든 한 장은 즉시 삼켰으니 남은 한 장으로 제 생사를 판단해주십시오."

두 장 다 '죽음'이라고 쓰인 종이니 왕 앞에 내민 종이에도 당연히 '죽음'이라고 쓰여 있었을 테고, 그러면 먼저 집어든 것은 저절로 '삶'이 되는 겁니다. 왕이 진 거지요. 빠른 상황 판단력과 순발력을 지닌 자기 모니터링 능력은 목숨까지도 구하는 능력인 겁니다. 늘 자신을 돌아보며 조절하고 조정하는 일이 얼마나 중요한지를 깊이 새겨 두지 않을 수 없습니다.

거짓말할 때 얼굴을 만지는 이유

　낯선 사람끼리 세상에서 가장 평화롭고 다정하며 따뜻한 분위기를 형성하는 곳. 남자들만의 공간이다시피 한데도 남성 집단 특유의 경쟁심이나 경계심과 공격적인 분위기가 없는, 드물게 부드럽고 온순하며 무난한 분위기가 형성되는 곳. 바로 큰 빌딩 안에 있는 흡연실이라고 합니다. 담뱃불의 온도나 연기의 부드러움, 그리고 사회에서 박해(!) 받는 기호 식품을 즐기는 사람들 사이의 은밀한 유대감 때문이라고 짐작이 가기도 합니다.

　그러나 톰 슈미트와 미하엘 에서가 《버티기와 당기기》에서 설명하는 이유는 좀 다릅니다. 슈미트와 에서는 담배를 피우는 행위를 일종의 자기 얼굴을 자신이 만지는 몸짓이라고 해석합니다. '자기 얼굴 만지기'는 '나는 지금 겸손하고 무난한 감정 상태입니다'라는 의미가 담긴 심리적인 몸짓을 뜻합니다. 그러니 모두가 담배를 피우는,

즉 자기 얼굴 만지기를 하고 있는 흡연실은 누구나 다 같이 겸손하고 무난한 감성 상태임을 천명한 곳이기에 가장 부드럽고 평화 지향적인 공간일 수밖에 없다는 겁니다.

가장 남성적인 공간 중 하나인 듯한 흡연실에 그런 연약한 심리가 깃들어 있다니. 어쩌면 여성과는 달리 당황하거나 겁먹은 심리를 자신의 얼굴을 감싸는 식으로 직접 나타낼 수 없었던 남성들이 간접적인 자기 얼굴 만지기 도구로 만든 것이 담배가 아니었을까 싶기도 합니다.

물론 여성들에게도 간접적인 자기 얼굴 만지기 도구가 있습니다. 짐작하시겠지만 화장입니다. 남성들의 담배와 똑같은 논리를 적용하자면, 화장을 하는 여성들은 겸손하고 무난한 감정 상태에 놓여 있는 셈입니다. 하지만 남성들의 흡연실과 달리 여성들이 화장을 고치는 파우더룸 같은 곳은 오히려 경쟁심이나 긴장감, 공격성과 폄하의 기운이 감돌 때도 많으니 화장에는 자기 얼굴 만지기만이 아닌 또 다른 심리적인 배경이나 이론이 있는 걸까요.

행동 심리학에서는 자기 얼굴 만지기를 '거짓말 심리'로 해석하기도 합니다. 거짓말을 할 때면 사람은 자기도 모르게 코를 만지거나 입술이나 뺨이나 턱에 손을 자주 가져가거나 머리카락을 비틀거나 손톱을 깨무는 행동을 자주 한다고 합니다. 그런 행동에는 거짓말,

또는 거짓말까지는 아니어도 가식적이고 형식적이거나 자기 과시욕이 큰 성향, 아니면 상대방에 대한 불편한 마음을 숨기거나 과장하려는 마음이 잠재되어 있을 확률이 크다고 합니다.

그런데 자기 얼굴 만지기가 아닌 타인의 얼굴 만지기는 어떨까요? 언젠가 친구 몇 명이 모인 자리에서 결혼하지 않은 친구가 결혼한 친구들에게 물었습니다. 남편의 애정이 가장 크게 느껴질 때가 언제냐고요. 그러자 한 친구가 대답합니다. "내 얼굴 쓰다듬어줄 때." 친구 남편은 잠에서 깨기 전, 잠들기 전에 수시로 그녀의 얼굴을 쓰다듬어주곤 한다고 합니다. 그럴 때면 어렸을 때 제대로 못 받았던 부모님의 사랑이 이제야 채워지는 느낌도 들고, 한편으로는 내가 그렇게 사랑스러운가 하는 자신감이 마구 솟구치기도 한다고 합니다. 그런 것을 보면 어렸을 때 부모님이 아이들 얼굴을 자주 쓰다듬어주는 것이 아이의 안정감과 자신감 형성에 얼마나 큰 영향을 끼치는가를 짐작할 수 있습니다.

사실 간단한 몸짓 하나로 사람 심리를 전적으로 판단하고 해석하는 건 위험한 일일 겁니다. 하지만 나의 작은 몸짓이 상대방에게 어떤 느낌을 주는지에 관해 심리학에서 다양한 힌트를 얻을 수 있습니다. 이를테면 공개적인 자리에서 쉴 새 없이 화장을 고친다든지 머리를 쓸어 올리거나 만지는 일이 상대방에게 자신에 대한 본의 아닌 불신과 거부감을 줄 수도 있음을 심리학은 경고합니다.

　사람의 얼굴은 눈, 코, 입 등 몸의 안과 밖을 이어주는 통로가 가장 많은 부위입니다. 자기 얼굴 만지기든 타인의 얼굴 만지기든, 얼굴은 만지는 손길과 마음이 가장 부드러워야 할 곳이 아닐 수 없습니다.

몸으로 익힌 것이 더 강력하다

무라카미 하루키의 너무도 유명한 소설 《상실의 시대》의 주인공은 어느 날 기숙사 룸메이트에게 간청을 합니다. 룸메이트는 매일 아침마다 옆에서 라디오를 켜놓고는 거기서 나오는 구령에 따라 라디오 체조를 하는데, 아침잠이 많은 주인공에게는 그 소리가, 특히 중간쯤에 하는 제자리 뛰기 소리가 너무나 고통스럽습니다. 그래서 룸메이트에게 "체조를 다른 시간에 하거나 그게 안 되면 중간에 그 제자리 뛰기를 하는 부분만이라도 빼고 해 달라."고 간청합니다. 그러나 룸메이트는 곤란하다며 고개를 흔듭니다. 체조를 하는 시간은 물론 중간의 제자리 뛰기도 "10년을 두고 하루같이 해왔기 때문에 시작만 했다 하면 무의식 중에 전부 하게 되므로 그것만 별도로 빼는 건 불가능하다."는 겁니다. "한 대목을 빼면 전부를 못하게 되고, 전부를 하려면 한 대목도 뺄 수가 없다."는 것이었습니다. 몸에 밴 습관이 얼마나 강력한지를 이렇게 확실히 실감시켜주는 장면도 드물 겁니다.

김기웅과 장국진이 함께 쓴 《운동 학습의 심리학》에 따르면, 사람에게는 "언어 기억에 비해 운동 기억의 파지(把持)가 더 장기적"이라고 합니다. 파지란 경험에서 얻은 정보를 유지하는 작용을 뜻합니다. 운동처럼 몸으로 익힌 것이 언어로 익힌 것보다 훨씬 더 강력하고 오래 간다는 말입니다. 그래서 감독이 경기 중인 선수들에게 지시를 내릴 때에도 소리를 치는 것보다 관련된 동작을 짧게 해서 보여주는 게 훨씬 효과적이라고 합니다. 또 몸에 확실히 각인시킨 운동 습관은 운동을 하지 않으려는 타성이나 게으름보다 훨씬 더 강력한 습관이 됩니다.

그런데 조금 다른 이야기지만, 운동 습관을 들이려고 애쓸 때마다 제게는 참 방해가 되는 것 중 하나가 '단맛'입니다. 음식이든 음료수든 평소에 단맛이 나는 먹거리를 전혀 좋아하지 않는데, 이상하게 운동만 시작하면 평소 입에도 안 대던 단 음료수가 당기는 겁니다.

하긴 교육방송(EBS)에서 제작한 〈다큐 프라임〉의 조사에 따르면 인간은 선천적으로 단맛에 열광한다고 합니다. 심리학자 폴 로진(Paul Rozin)에 따르면 단맛에 대한 열광은 후천적인 학습이나 경험에 의해 얻어진 것이 아니라, 인류의 몸에 각인된 원시 시대의 에너지

저장 습관에서 비롯된 것이라고 합니다. 원시 시대에는 배가 고프다고 음식을 쉽게 구할 수 있는 것도 아닌 데다 맹수가 언제 어디에서 공격해 올지 모릅니다. 따라서 평소에 배고픔을 견딜 수 있는 에너지와 맹수를 피해 도망갈 수 있는 에너지를 비축해 두는 것이야말로 생존과 직결된 중요한 과제였습니다. 그런데 그런 에너지원으로 가장 훌륭한 것들이 단맛이 나는 나무 열매나 곡물 등이었습니다. 그러다 보니 단맛이 생존과 직결된 맛으로 몸에 각인되고, 그것이 계속 유전되면서 아직도 인간은 무의식적으로 단맛을 가장 좋아한다는 것입니다. 러닝머신 위를 달리는 것도 맹수를 피해 달리는 것과 다를 바 없는 움직임이니, 몸이 생존의 차원에서 단맛을 원하는 것일지도 모르겠습니다. 그런데 현대에는 운동 후에 즐기는 그 단맛 때문에 오히려 운동이나 다이어트를 안 하느니만 못한 결과에 발목을 잡히게도 되니 본말이 전도된 셈인가요?

어쨌든 하루키의 소설에 나오는 룸메이트 정도로 운동 습관을 몸에 완전히 익히고 싶은 마음인데, 아직 운동도 체중 조절도 제게는 시간이 조금 더 필요한 듯합니다.

삶은 우리가 집중한 대상들의 합이다

행동과학 전문 칼럼니스트인 위니프레드 갤러거(Winifred Gallagher)의 《몰입》에는 이런 실험 이야기가 나옵니다. 우선 실험 참가자들을 흰 티셔츠 팀과 검정 티셔츠 팀으로 나눠 농구 시합을 하게 하고 그 장면을 캠코더로 촬영합니다. 그러다 시합 중간쯤에 덩치 큰 고릴라를 경기장 옆으로 걸어가게 했습니다. 걸어가다가 멈춰선 고릴라는 잠시 특유의 가슴 두드리는 몸짓까지 했지요. 시합이 끝난 다음 이번엔 그 촬영 필름을 또 다른 실험 참가자들에게 나눠주면서 A그룹에게는 흰 티셔츠 팀의 패스 횟수를, B그룹에게는 검정 티셔츠 팀의 패스 횟수를 세어보도록 했습니다.

조사 결과 시합에 직접 참가했던 사람들 중에도, 촬영 필름을 본 사람들 중에도 시합 도중에 고릴라가 지나갔다는 것을 안 사람은 절반 정도밖에 되지 않았습니다. 나머지 절반은 패스 횟수를 세는

데 집중하느라 고릴라의 등장을 전혀 눈치채지 못했습니다.

그렇게 어느 한 가지에 깊이 몰두하느라 주위 변화를 전혀 눈치채지 못하는 것을 문맹이나 컴맹처럼 '주의맹(change blindness)'이라고 합니다. 주의맹은 부정적으로는 자기 일에만 관심과 애정을 쏟는 외골수 같은 태도를 자아냅니다. 하지만 긍정적으로는 어느 한 가지에 생각과 에너지를 폭발적으로 집약시키는 최고의 집중력을 불러옵니다. 따라서 인생의 성취나 성공을 좌우하는 결정적인 요소가 되기도 합니다. 이런 점에서 갤러거는 "삶이야말로 우리가 집중한 대상들의 합이고, 집중과 주목이야말로 우리의 삶을 보다 근본적으로 향상시킬 수 있는 필수 요건"이라고 주의맹을 극찬합니다.

우연의 일치겠지만 이 글을 쓰던 중에 문자 메시지를 한 통 받았습니다. 글을 쓰기 위해 잠시 서울을 벗어난 분으로부터 온 메시지였는데, "일 주일 동안 400매를 썼다"는 문자였습니다. 바쁘기로는 둘도 없이 바쁜 유명 인사인데, 어느 날 갑자기 딱 정리하고 떠나시더니 하루에 약 57매씩 일 주일 만에 400매를 썼다는 겁니다. 후아, 제가 다 숨이 가빠지는 듯하면서도 너무도 존경스럽고 부러웠습니다. 주의맹의 힘에 기댄 '집중된 노력'이야말로 최고의 능력이 아닐 수 없습니다.

페르미의 역설

1940년대의 어느 날, 물리학자들이 잔뜩 들뜬 목소리로 대화를 나눕니다. "은하계에는 별이 1천억 개나 있는데, 그 1천억 개 중 하나의 별에서 인간이라는 지적인 생명체가 진화했다. 그렇다면 논리적으로 다른 별에도 인간 같은 지적인 생명체가 존재할 가능성이 충분할 것이며, 외계에는 인간 같은 생명체가 엄청나게 많이 존재할 것이다."라는 내용의 대화였습니다. 외계인의 존재를 방금 정확히 밝혀내기라도 한 듯 들뜬 대화였습니다. 그런데 그 대화를 쭉 듣고만 있던 물리학자 엔리코 페르미(Enrico Fermi)가 찬물을 끼얹듯 불쑥 질문을 합니다.

"그런데 그 외계인들은 다 어디에 있는 거지?"

이 질문에서 '페르미의 역설'이란 것이 나왔습니다. 논리적으로만 따지면 어디서든 쉽게 눈에 띌 만큼 흔해야 하는데 정작 누구도 직접 본 적은 없는, 그런데도 확실히 존재한다는 역설적인 존재 방식을 가리키는 명제입니다. 누군가는 사랑이야말로 페르미의 역설의 대표 주자라고도 하는데, 그렇게 보면 사랑만이 아니라 인간이 느끼는 감정 전체가 다 페르미의 역설에 해당될 수도 있겠죠.

페르미가 물었던 "그토록 많을 게 분명한, 그래서 흔하게 눈에 띄어야 하는데 눈에 띄지 않는 외계인들은 다 어디에 있는 거지?"라는 질문에만 국한하자면, 가장 재치 있는 대답은 《위험한 생각들》을 쓴 진화심리학자 제프리 밀러(Geoffrey Miller)의 답이 아닐까 싶습니다. 그가 말한 답은 "현대 지구인들이 그렇듯이 진화한 외계인들도 모든 관심을 전부 다 컴퓨터 모니터 안의 가상 세계에만 쏟아 부으면서 컴퓨터 앞을 떠나지 못하기 때문에 눈에 띄지 않는 것"입니다. 그러면서 그는 현대 지구인들이 컴퓨터 속 가상 세계에 얼마나 사로잡혀 있는지 보여주는 단적인 증거를 다음과 같이 내놓습니다. "1900년대 지구상의 발명품들은 대부분 실제적이고 구체적인 현실 세계에 관련된 자동차, 비행기, 청소기 같은 것들이었는데, 2000년대의 대부분의 발명품들은 컴퓨터 속 가상 현실의 오락 산업을 위한 것이다."

컴퓨터 속의 가상 세계, 가상 현실의 긍정성을 높이 평가하는 심리학자도 있습니다. 리처드 게리그(Richard Gerrig) 등은 《심리학과 삶》에서 어른들은 흔히 인터넷에서 청소년들이 익명이나 가상의 이름인 아이디로 활동하는 것을 크게 우려하거나 불신한다고 강조합니다. "자신을 과장하거나 상대를 속인다든지 뒤에서 험담을 하는 등의 부작용의 주범"이 익명성이라고 생각하기 때문입니다. 우리 주위에서도 인터넷 게시판에 갑자기 악성 댓글이 늘면 "중고등학교 방학이 시작돼서 그렇다."고 하는 농담이 있기도 합니다. 하지만 게리그 등이 미국 청소년들을 대상으로 설문 조사를 한 결과에 따르면, 인터넷에서 익명성은 청소년들에게, 그리고 성인들에게도 "다른 사람이 되면 기분이 어떨까? 자신이 다른 사람이 되면 사람들이 어떻게 반응할까?"를 확인하는 '자기 정체성 탐색'이나 '타인 이해하기'의 긍정적인 도구로 쓰일 때가 더 많다고 합니다.

문득 한 화가가 생각납니다. 그는 별을 그리기 위해 몇 년 동안 줄기차게 시골 마을의 밤하늘을 직접 찾아다녔다고 합니다. 하지만 이제는 시골 마을로 직접 찾아다니기보다는 작업실 컴퓨터 앞에서 인터넷으로 별을 찾아 보는 시간이 훨씬 더 많아졌다고 합니다. 머지않아 지구 바깥까지 나서는 우주 여행이 보편화된다지만, 한편으로 사람들은 컴퓨터나 휴대전화 같은 점점 더 가깝고 작은 눈앞의 공간 속으로 더 빠르게 매몰될 듯도 합니다. 그러다 보면 컴퓨터 속 가상 공간이 훨씬 더 현실 같고, 컴퓨터 밖의 현실 세계가 훨씬 더 가상처럼 느껴지는 역행도 곧 당연해질 듯합니다.

우주인도 인터넷으로 '실제로' 만날 확률이 훨씬 커지고, 그에 따라 '나는 지구인'이라는 상대적인 자기 정체성의 실감도 훨씬 더 크고 생생해지지 않을까, 앞으로의 인간 생활과 인간 심리는 컴퓨터 속 가상 공간과 지구 바깥의 가정 공간이라는 좁으면서도 엄청나게 넓은 역설의 공간에 크게 좌우되지 않을까 생각해봅니다.

대충 하는 선택이 더 경제적이다

《선택의 패러독스》를 쓴 심리학자 배리 슈워츠(Barry Schwartz)는 대학 신입생을 시험 성적이 아니라 무작위 추첨으로 선발하자고 제안합니다. 우리의 교육 현실에서 보자면 파격적이다 못해 정신 나간 주장 같기도 합니다. 물론 전국의 모든 지원자들을 대상으로 무작위 추첨을 하게 하자는 것이 아니라, 대학별로 합격 정원의 몇 배수 정도로 학생들을 추린 다음 그들을 대상으로 추첨을 하자는 것이긴 합니다. 완전 추첨이 아닌 부분 추첨을 하자는 겁니다. 하지만 어쨌든 최종 합격자는 추첨으로 선발하자는 것이니, 소수점 이하의 점수를 놓고 치열한 당락 경쟁이 벌어지기도 하는 한국의 교육 현실에서 보면 너무나 비현실적이고 불공정하게 느껴지는 제안입니다.

슈워츠가 유치원 입학도 아닌 대학 입학에서 이런 추첨 방식을 제안하는 것은 기존의 선발 방식이 여러모로 너무나 비경제적이라는 이유 때문입니다. 어느 정도 비슷한 실력을 가진 학생들의 성적을 소수점 이하까지 채점하고 판별하느라 채점관도 대학도 너무나 많은 행정적인 낭비를 할뿐더러, 학생들도 학생들대로 너무나 미미한 점수 차이에 사로잡혀 학창 시절을 잘 보내지 못한다는 겁니다.

단지 대학 신입생 선발의 경우만이 아닙니다. 슈워츠에 따르면 비경제적인 선택은 일상에서도 흔하게 일어납니다. 가령 사람들에게 7가지 기능을 갖춘 오디오 시스템과 21가지 기능을 가진 오디오 시스템 중에서 어떤 걸 선택하겠느냐고 물으면, 대부분의 사람들은 실제로 사용하는 기능은 한두 개에 불과할 거라는 사실을 충분히 짐작하면서도 무조건 21가지 쪽을 선택합니다. "언젠가는 그 기능을 쓰게 될지도 몰라."라는 막연한 기대 때문입니다. 특히 고급 기능이 많은 비싼 제품일수록 그런 막연한 기대감으로 선택하는 비율이 훨씬 높아진다고 하니, 낭비되는 비용도 그만큼 커지는 셈입니다.

슈워츠는 그런 막연한 낭비를 막고 싶다면, 무언가를 선택할 때 선택의 대상을 아무리 많아도 8가지에서 10가지 정도로 제한하라고 조언합니다. 그 정도 범위 안에서도 얼마든지 다양성이며 기능성을 충분히 다 만족시킬 만한 선택을 할 수 있다는 것입니다.

그렇지 않아도 요즘은 인터넷 쇼핑몰을 이용하는 일이 갈수록 늘어 갑니다. 그런데 비슷한 쇼핑몰 사이트가 너무 많은 데다 대부분의 쇼핑몰 사이트에서 보여주는 상품들도 너무 많습니다. 상점 문 닫는 시간도 따로 없습니다. 눈치 주는 점원도 없습니다. 무제한으로 구경하고 값을 따져보고 물건을 비교해볼 수 있습니다. 그러다 보면 오히려 한없는 마우스 클릭에 지쳐 차라리 상점에 직접 가서 고르는 게 시간이며 체력, 비용 낭비가 훨씬 덜하겠다는 생각이 들 때도 많습니다. 다채로운 선택의 기회가 오히려 더 큰 심리적인 피로와 낭비라는 부메랑으로 되돌아오는 일도 많은 겁니다. 그러니 대학 신입생 선발을 추첨으로 하는 것은 어렵겠지만, 옷 같은 일상적인 물건을 고를 때에는 수십 개의 인터넷 사이트 중에서 한두 개만 열어보고 그 한두 개 안에서도 다시 서너 개의 창만 열어본 다음 대충 선택하겠다는, '대충의 추첨 운'에 선택을 맡기는 것이 심리 건강을 위해서나 합리적인 소비를 위해서나 훨씬 더 현명하고도 경제적인 선택법이겠습니다.

내 안에 무한한 감동의 바다가 있다

❧

'물 아래 잠긴 빙산'과 '물 위에 뜬 고무공'. 최근 심리학 이론의 양대 산맥을 이루는 이론입니다. 물 아래 잠긴 빙산, 즉 '빙산의 일각론'은 다 아시겠지만 프로이트가 주창한 정신분석학의 핵심인데, 인간의 정신이나 심리는 밖으로 드러나지 않는 거대한 무의식이 좌우한다는 이론입니다. 거기에 반기를 든 이론이 20세기의 정신의학자 프리츠 펄스(Fritz Perls)가 주창한 물 위에 뜬 고무공 이론입니다. 인간의 정신이나 심리, 성격은 물 위의 공처럼 밖으로 드러난 현상이 전부이므로, 있지도 않은 무의식을 자꾸 파헤칠 게 아니라 밖으로 드러나는 행동이나 상황들로 분석하고 파악해야 한다는 이론입니다.

두 이론은 당연히 어린 시절이 처지하는 심리적 의미나 영향력 또한 상반되게 해석합니다. 프로이트에게는 어린 시절의 성적 억압이 한 사람의 심리 형성에 절대적이지만, 펄스에게는 어린 시절보다 중요한 것은 지금 여기에서의 상황과 지금의 자기 자신입니다. 따라서 프로이트의 정신분석학에서는 상담자에게 "당신은 과거에 어땠습니까? 왜 그렇게 했습니까?"라고 질문하고, 펄스의 심리학에서는 "당신은 지금 무엇을 하고 있으며 지금 그것을 어떻게 다루고 있습니까?"라고 질문합니다. 전자는 과거, 후자는 지금이 핵심입니다.

저로서는 양쪽이 다 옳게 여겨집니다. 무의식도 밖으로 드러난 행동도, 어린 시절도 지금 현재도 다 한 사람의 심리와 큰 관련이 있지 않겠는지요. 왜 둘을 합한 이론은 없을까, 오히려 의아스럽습니다. 그 의아스러움에 대한 답을 얻었다 싶었을 때가 브루스 스커튼(Bruce Scotton) 등이 펴낸 책《자아 초월 심리학과 정신의학》에 소개된 편지글을 읽으면서였습니다.

프로이트는 소설《장 크리스토프》의 작가인 로맹 롤랑(Romain Rolland)과 한동안 진지한 편지를 주고받았다고 합니다. 그중 한 편지에서 롤랑은 인간이 느끼는 어떤 거대하고 무한한 감동에 대해 썼습니다. 그러면서 그 감동을 "종교에서 받는 것과 같은 느낌"이라고 비유하고 거기에 '대양의 느낌'이란 명칭도 붙여주었습니다. 그러자 프로이트는 그 명칭을 "엄마의 가슴에 안긴 갓난아이와 엄마 사이의 갈등 없는 합일", 즉 "원초적인 자기애의 희열"이라는 정신분석학적 개념으로 해석하고 활용했습니다.

결국 우리가 여러 가지 심리 문제를 극복하고 발전시키면서 궁극적으로 도달해야 할 상태가 바로 '대양의 느낌'이 아닐는지요. 그리고 그런 '대양의 느낌'은 결국 자신이 좋아하는 순간의 심리적 집약에서 얻을 수 있는 '감동'의 다른 말이 아닐는지요. 최근에 받았던 가장 큰 감동은 어디서, 무엇에서 느낀 것이었나요? 제게 최근에 가장 큰 감동을 주었던 것은 이런 장면이었습니다.

평온한 저녁 편안한 의자에 앉아 있을 때, 모닥불 앞에서 몸을 뒤로 젖히고 별들을 제대로 볼 수 있는 사막의 하늘을 바라볼 때, 액상 프로방스 광장 의자에 기대어 앉아 잎이 무성한 플라타너스를 바라보며 분수에서 물이 떨어지는 소리를 들을 때. — 마이클 가자니가(Michael Gazzaniga)의 《왜 인간인가?》 중에서

| 에필로그 |

내 안의 두려움과 만나기

　원고를 정리하던 중에 잠시 동유럽 여행을 다녀왔습니다. 10여 일 간 6개국을 도는 패키지 여행이라 때로는 지금 어느 나라에 있는지 조차 혼동될 정도의 일정이었습니다. 유명 관광지마다 한두 시간씩 쫓기듯 둘러보고 나면 다음 행선지까지 버스로 네다섯 시간 이동하는 게 보통이어서, '유럽 관광'이 아니라 '버스 체험 관광'을 하는 기분이 들기도 했습니다. 차창 밖으로 끝없이 되풀이되는 푸른 언덕과 집들도 진짜 유럽이라기보다 유럽풍의 펜션이 즐비한 강원도 어디쯤처럼 느껴지기도 했습니다.

　물론 그래도 잊을 수 없는 풍경과 장면들이 많았습니다. 오랜 세월 동안 쌓인 먼지로 언뜻 검게 그을은 듯 보이던 프라하의 성당과 옛 시가지 광장에서 본 저녁 노을, 아우슈비츠의 유리 진열장 너머 가득하던 희생자들의 머리카락과 신발들, 사람 드문 일요일 오후에 들른 슬로바키아의 손바닥만 한 광장과 카페들, 그 뒤편의 묘지와 십자가들, 무섭도록 조용하던 독일의 작은 마을 입구 시계탑 위에 있던 닭 풍향계 등 추억만으로도 다시금 마구 가슴이 뜁니다.

그러나 돌아볼수록 가장 가슴 벅찬 일은 그 여행을 통해서 제 인생에서 참으로 오랫동안 너무나 힘들던 심리 문제 하나를 극복했다는 '자신감'을 얻게 된 것이었습니다. 평소 제게 심리적으로 가장 큰 문제이자 고통은 '공황 장애성 불안'이었고 그 불안이 극단적으로 심해지고 선명해지는 곳은 '비행기 안'이었습니다. '비행기 안'이야말로 제게는 심리 문제의 심각성을 확인하고 얼마나 극복할 수 있을지 가늠하기에 가장 좋은 시험대였던 겁니다.

그래서 원고를 정리하다가 10시간 넘게 비행기를 타야 하는 동유럽 여행 패키지를 예약했습니다. 아니나 다를까, 예약한 순간부터 초조와 불안으로 모든 정상적이고 평범한 일상과 생각이 다 멈춰서는 기분이었습니다. 가필 중이던 이 책의 원고도 제자리에서 멈춰버렸습니다.

그런데 그동안 조금씩 극복하면서 쌓아 온 힘 덕분인지 동유럽으로 가는 비행기에서 보낸 13시간 동안 공황 장애 특유의 극심한 불안과 공포에 휘둘린 것은 단 한 번, 그것도 아주 짧게였습니다. 나머지 시간 전부가 평온하고 여유로웠습니다. 너무나 뜻밖이면서도 제 자신이 대견하고 훌륭해서 눈물이 나올 듯했습니다. 성숙하면서 강력한 내석인 안정감이 어떤 것인지 완벽하게 이해되는 느낌이었습니다. 비로소 자유로운 영혼을 가진 인간이 된 듯했습니다.

물론 어쩌다 한 번이었는지, 앞으로도 계속 그럴 수 있을지는 아직 장담할 수 없습니다. 하지만 '극적인 극복의 감동'은 단 한 번으로도 충분히 위대합니다. 심리는 조금만 달라져도 완벽하게 달라지는 것입니다. 책을 펼친 분들도 자신과 약속하셨으면 좋겠습니다. 앞으로 3개월에서 6개월 안에 심리적으로 제일 캄캄하고 힘들고 고통스러워지는 지점에 가서, 그 캄캄한 고통과 싸우든 화해하든 하여튼 정면으로 만나보시기 바랍니다. 구체적이고도 현실적이고 실천적인 방법 하나만 준비한 다음, 자신에게 제일 불리한 곳으로 고통을 과감히 불러내서 끝까지 맞서보시기 바랍니다.

그렇게 해서 끝끝내 '극적인 극복의 위대함'을 맛보시기 바랍니다.

심리학의 위안 — 마음을 어루만지는 일상의 심리 이야기

2012년 5월 31일 초판 1쇄 발행

- 지은이 ─────── 김경미
- 펴낸이 ─────── 한예원
- 편집 ─────── 이승희, 임정은, 조은영
- 펴낸곳   교양인
  　　　　우 121-888 서울 마포구 합정동 438-23 신성빌딩 202호
  　　　　전화 : 02)2266-2776 팩스 : 02)2266-2771
  　　　　e-mail : gyoyangin@naver.com
  　　　　출판등록 : 2003년 10월 13일 제2003-0060

ⓒ 김경미, 2012
ISBN 978-89-91799-73-8 03180

* 잘못 만들어진 책은 바꾸어드립니다.
* 값은 뒤표지에 있습니다.